Inhalt, Über den Autor, Symbole, Vorwort

Die Tour du Wildhorn im Überblick

Reise-Infos von A bis Z

Die Tour du Wildhorn

Index

Blaues Auge in grandioser Umrahmung:
Der Iffigsee zwischen Wildhornhütte und Iffigenalp (Etappe 6)

Schöner Aussichtspunkt im Verlauf der vierten Etappe: Walliser Wispile

Band 198

OutdoorHandbuch

Jochen Ihle

Schweiz: Tour du Wildhorn

DER WEG IST DAS ZIEL

Schweiz: Tour du Wildhorn

© Copyright Conrad Stein Verlag GmbH.
Alle Rechte vorbehalten.

Der Nachdruck, die Übersetzung,
die Entnahme von Abbildungen, Karten, Symbolen, die
Wiedergabe auf fotomechanischem Wege (z.B. Fotokopie)
sowie die Verwertung auf elektronischen Datenträgern,
die Einspeicherung in Medien wie Internet
(auch auszugsweise) sind ohne vorherige schriftliche
Genehmigung des Verlages unzulässig und strafbar.

Alle Informationen, schriftlich und zeichnerisch, wurden
nach bestem Wissen zusammengestellt und überprüft.
Sie waren korrekt zum Zeitpunkt der Recherche.
Eine Garantie für den Inhalt, z.B. die immerwährende
Richtigkeit von Preisen, Adressen, Telefon- und Faxnummern
sowie Internet-Adressen, Zeit- und sonstigen Angaben,
kann naturgemäß von Verlag und Autor - auch im Sinne der
Produkthaftung - nicht übernommen werden.

Der Autor und der Verlag sind für Lesertipps
und Verbesserungen (besonders als E-Mail)
unter Angabe der Auflagen- und Seitennummer dankbar.

Dieses OutdoorHandbuch hat 83 Seiten mit 31 farbigen
Abbildungen, jeweils 6 farbigen Kartenskizzen und Höhenprofilen sowie 2 farbigen Übersichtskarten. Es wurde auf chlorfrei
gebleichtem Papier gedruckt, in Deutschland klimaneutral
hergestellt und transportiert und der größeren Strapazierfähigkeit wegen mit PUR-Kleber gebunden.

Updates Verlagsprogramm Schnäppchen
www.conrad-stein-verlag.de

OutdoorHandbuch aus der Reihe "Der Weg ist das Ziel", Band 198

ISBN 978-3-86686-198-5   1. Auflage 2009

® OUTDOOR, BASIXX und FREMDSPRECH sind eingetragene Marken für Bücher des Conrad Stein Verlags
© BASISWISSEN FÜR DRAUSSEN, DER WEG IST DAS ZIEL und FERNWEHSCHMÖKER sind urheberrechtlich geschützte Reihennamen für Bücher des Conrad Stein Verlags

Dieses OutdoorHandbuch wurde konzipiert und redaktionell erstellt vom Conrad Stein Verlag GmbH, Postfach 1233, 59512 Welver, Kiefernstraße 6, 59514 Welver, ☎ 0 23 84/96 39 12, FAX 0 23 84/96 39 13, info@conrad-stein-verlag.de, www.conrad-stein-verlag.de.

Unsere Bücher sind überall im wohl sortierten Buchhandel und in cleveren Outdoorshops in Deutschland, Österreich und der Schweiz erhältlich. Auslieferung für den Buchhandel:

D	Prolit, Fernwald und alle Barsortimente
A	freytag & berndt, Wien
CH	AVA-buch 2000, Affoltern und Schweizer Buchzentrum
I	Mappa Mondo, Brendola
BENELUX	Willems Adventure, LT Maasdijk
E	mapiberia f&b, Ávila

Text und Fotos: Jochen Ihle
Karten: Heide Schwinn
Lektorat: Marion Malinowski
Layout: Manuela Dastig
Gesamtherstellung: AZ Druck und Datentechnik GmbH, Kempten

Titelfoto: Beim Abstieg von der Wildhornhütte: links im Hintergrund das Wildhorn.

Inhalt

Über den Autor	8
Symbole, Vorwort	9
Die Tour du Wildhorn im Überblick	**11**
Geschichte	13
Gipfel	14
Grundvoraussetzungen	14
Schwierigkeitsgrade	17
Pflanzen- und Tierwelt	19
Umweltgerechtes Verhalten	21
Wetter	22

Reise-Infos von A bis Z   23

An- und Abreise	24	Notruf	33
Ausrüstung	25	Orientierung	33
Ausstiegsmöglichkeiten	27	Post und Telekommunikation	33
Essen und Trinken	27	Reisezeit	34
Geld	28	SAC-Hütten	34
Gesundheit	28	SchweizMobil	35
Informationen	29	Sprache	36
Internetlinks	29	Trinkwasser	36
Karten	29	Übernachtung	36
Literatur	30	Updates	37
Markierung der Wege	31	Zeiten	37

Tour du Wildhorn   38

📖 **Wildhorn-Runde Gesamtübersicht-Höhenprofil**   40

Wildhorn Etappen   40

📖 **Wildhorn-Runde Gesamtübersicht-Etappen**   41

1. Etappe: Lenk bzw. Iffigenalp - Wildstrubelhütte	42
↳ Variante: Von der Iffigenalp direkt zur Cabane des Audannes	51
2. Etappe: Wildstrubelhütte - Cabane des Audannes	52
↳ Variante: Von der Wildstrubelhütte über das Schnidejoch	57
3. Etappe: Cabane des Audannes - Barrage du Sanetsch	58
↳ Variante: Über den Arpelistock zur Geltenhütte	63
4. Etappe: Barrage du Sanetsch - Geltenhütte	66
↳ Variante: Von Gsteig über den Chrinepass nach Lauenen	70
5. Etappe: Geltenhütte - Wildhornhütte	72
↳ Variante 1: Von der Geltenhütte zur Iffigenalp	76
↳ Variante 2: Von Lauenen über den Trüttlisbergpass nach Lenk	76
6. Etappe: Wildhornhütte - Lenk	78
↳ Variante: Von der Wildhornhütte über das Iffighore	80
Index	81

Über den Autor

Jochen Ihle, geboren 1962, lebt in Spiez am Thunersee im Berner Oberland. Er schreibt und fotografiert als freier Autor für Zeitschriften und Buchverlage und ist das ganze Jahr über auf Wanderwegen, Gipfeln oder Klettersteigen dem "Erlebnis Berg" auf der Spur. Zahlreiche Veröffentlichungen in Wander- und Bergzeitschriften. Verfasser mehrerer Wanderbücher zu den Themen Alpin- und Weitwandern, Winter- und Schneeschuhwandern sowie Erlebniswanderungen mit Kindern und Jugendlichen. Im Conrad Stein Verlag ist von ihm das OutdoorHandbuch "Die Wildstrubel-Runde" erschienen.

Die "Tour du Wildhorn" führt durch das westliche Berner Oberland und durch das angrenzende Wallis und liegt quasi nur einen Steinwurf von seinem Wohnort entfernt. Jochen Ihle hat die "Tour du Wildhorn" als mehrtägige Trekkingtour begangen, aber auch die einzelnen Etappen zu verschiedenen Jahreszeiten mehrmals in separaten Tagestouren erwandert.

Damit die Tour du Wildhorn auf dem aktuellsten Stand bleibt, nimmt der Autor Hinweise, Ergänzungen und Anregungen gerne entgegen.
info@jochen-ihle.ch, www.jochen-ihle.ch

Symbole

⇩	Abstieg		Homepage
	Abstecher		Hotel, Pension
	Achtung		Information
⇧	Aufstieg		Jugendherberge, Backpacker, Berghütte, Naturfreundehaus
	Aussichtspunkt	⌘	Museum
	Auto		Öffnungszeiten
	Angeln	✕	Restaurant
	Bademöglichkeit		Seilbahn
	Bahn		Sessellift
	Blumen bzw. markierter Pflanzenweg	)	Staumauer
	Buchtipp, Kartentipp		Telefon
	Bus, Postauto		Unterhaltung, Sportmöglichkeiten
	Campingplatz	☺	Tipp
	E-Mail-Adresse		Wandern
FAX	Faxnummer		Zeitbedarf
	Flugzeug		
	Fototipp		

Vorwort

Das Wildhorn ist mit 3.248 m ü. M. die höchste Erhebung im westlichen Teil der Berner Alpen. Über den Gipfel verläuft die Grenze zwischen den Kantonen Bern und Wallis. Rund um das Massiv des Wildhorns verlaufen alte Saumwege und verbinden seit Jahrhunderten Passübergänge die benachbarten Täler. Heute machen es markierte Wanderwege möglich, das Wildhorn auf aussichtsreichen Pfaden zu umrunden.

Die Tour du Wildhorn ist eine 4- bis 6-tägige Weitwanderung in grandioser Hochgebirgsszenerie. Eine anspruchsvolle Runde, die Trittsicherheit, Kondition und Bergerfahrung erfordert. Die Wanderung verläuft in Höhenlagen zwischen 1.000 und 3.000 m, da müssen auch schon mal 1.000 Höhenmeter im Auf- oder Abstieg bewältigt werden. Sie überqueren Pässe wie den Col des Eaux Froides oder den Rawilpass, eine uralte Handelsverbindung zwischen dem Wallis und dem Berner Oberland. Übernachtet wird in romantischen Berghütten wie der Wildhorn- oder der Geltenhütte, nach einem langen Wandertag ein besonderes Erlebnis. Die täglichen Gehzeiten variieren zwischen 4 und 6 Stunden und lassen Ihnen noch genügend kreativen Spielraum: Da und dort eine Ruhepause einlegen, kleine Wunder am Wegesrand entdecken, die Karte studieren und eine lohnende Variante erwandern oder einen aussichtsreichen Gipfel besteigen.

Jede Etappe hat ihren eigenen Reiz, führt doch die Route sowohl durch karge, felsige Landschaften als auch durch beweidete, grüne Alpregionen. Wenn Sie aufmerksam durch die alpine Landschaft rund um das Wildhorn wandern, erleben Sie neben schönen Aussichten auch eine artenreiche Tier- und Pflanzenwelt. Und schließlich lernt, wer in mehreren Tagen das Wildhorn umrundet, auch zwei kulturell und sprachlich unterschiedliche Regionen der Schweiz kennen. Im Kanton Bern wird deutsch gesprochen, im Wallis französisch.

Übrigens lässt sich die Tour du Wildhorn ideal mit der Wildstrubel-Runde, einer sechstägigen Trekkingtour rund um das Massiv des Wildstrubels, ergänzen. Beide Weitwanderungen treffen am Rawilpass aufeinander.

📖 Schweiz: Wildstrubel-Runde von Jochen Ihle, Conrad Stein Verlag, Outdoor-Handbuch, Der Weg ist das Ziel Band 204, ISBN 978-3-86686-204-3, € 9,90

Ich wünsche Ihnen viele schöne Bergerlebnisse auf wilden Wegen rund um das Wildhorn.

Jochen Ihle

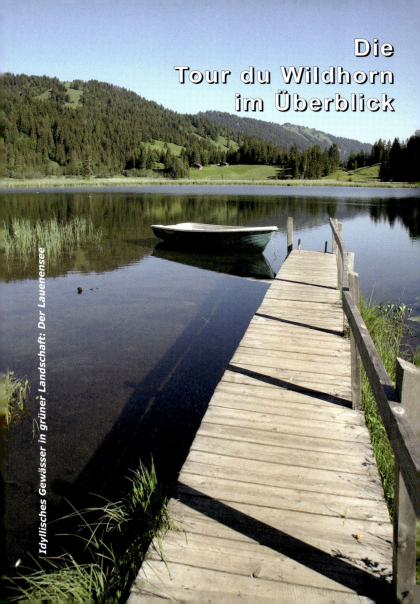

Die Tour du Wildhorn im Überblick

Idyllisches Gewässer in grüner Landschaft: Der Lauenensee

3.247,6 m misst das Wildhorn. Damit ist es der höchste Gipfel im westlichen Teil der Berner Alpen. An seiner Ostflanke fließen der Glacier des Audannes und der Glacier de Ténéhet herab, im Nordosten befindet sich der Tungelgletscher. Schon an den Namen der Gletscher wird klar: Rund um das Wildhorn wird sowohl deutsch als auch französisch gesprochen. Über den Berggipfel verläuft die Grenze der Kantone Bern und Wallis.

Nachbarberg des Wildhorns ist der mächtige Riegel des Wildstrubels. Dieser besteht gleich aus drei Gipfeln: Westgipfel und Mittlerer Gipfel erreichen eine Höhe von 3.243,5 m ü. M., der im Osten liegende Grossstrubel misst 3.243 m ü. M. Weitere markante Erhebungen rund um das Wildhorn sind das Schnidehorn (2.937 m), das Hahnenschritthorn (2.834 m), das Geltenhorn (3.065 m) und der Arpelistock (3.035 m).

All diese Berge (und noch viele weitere) können Sie auf der Tour du Wildhorn bewundern, einer Weitwanderung rund um das Wildhornmassiv. Über den Rawilpass geht es vom Berner Oberland hinüber ins Wallis, auf einem Pfad, der schon zur Römerzeit und im Mittelalter begangen wurde. Wo früher schmale Saumwege verliefen, wandern Sie heute auf bestens unterhaltenen Wanderwegen. Gelbe Wegweiser liefern Höhenangaben und Marschzeiten und sind wichtige Informationen für Wanderer. Die gesamte Rundwanderung verläuft mehrheitlich auf Bergwanderwegen (weiß-rot-weiß markiert), teilweise auch auf anspruchsvollen Alpinpfaden (weiß-blau-weiß markiert).

Ausgangspunkt ist die Ortschaft Lenk, erreichbar mit Bahn und Bus. Die täglichen Gehzeiten liegen zwischen vier und sechs Stunden, dabei werden Höhendifferenzen bis zu 1.000 m oder auch mehr überwunden. Tiefster Punkt im Verlauf der Tour du Wildhorn ist Lenk im Obersimmental (1.068 m), höchster Punkt auf der Normalroute die Wildstrubelhütte (2.791 m). Wer einen der zahlreichen Wandergipfel besteigt, befindet sich zwischendurch auch über der 3.000-Meter-Grenze. Erwähnt sei der Arpelistock (3.035 m), ein anspruchsvoller Wanderdreitausender. Je nach Wahl der Route variiert die Gesamtdauer. Mindestens vier Tage sind für die komplette Umrundung des Wildhorn-Massivs einzuplanen. Mit zusätzlichen Gipfelabstechern, Hüttenübernachtungen, Ruhetagen oder mit dem Einbezug von Bergbahnen und öffentlichen Verkehrsmitteln kann die "Tour du Wildhorn" in Bezug auf Schwierigkeiten und Dauer beliebig variiert werden. Neben der ausführlich beschriebenen Hauptroute sind daher in Unterkapiteln immer loh-

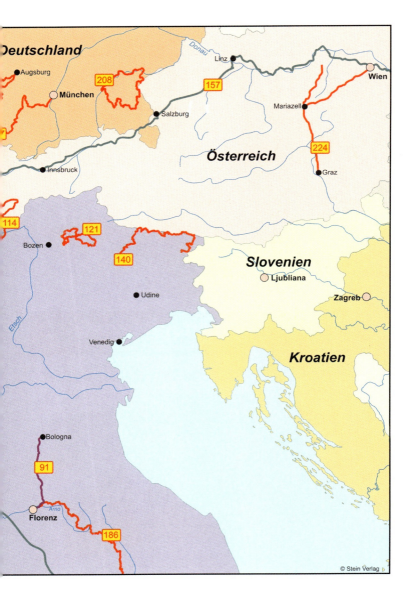

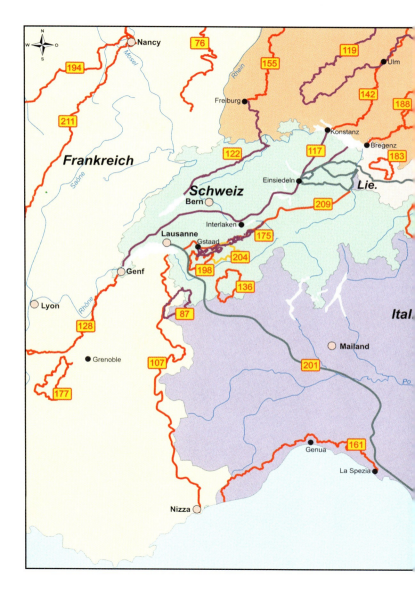

ISBN 978-3-86686-281-4
Band 201 € 14,90 [D]

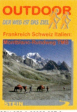
ISBN 978-3-89392-387-8
Band 187, € 9,90 [D]

ISBN 978-3-89392-514-8
Band 114, € 9,90 [D]

ISBN 978-3-89392-191-1
Band 91, € 9,90 [D]

ISBN 978-3-86686-186-2
Band 186, € 12,90 [D]

ISBN 978-3-89392-561-2
Band 161, € 12,90 [D]

ISBN 978-3-89392-540-7
Band 140, € 12,90 [D]

ISBN 978-3-89392-521-6
Band 121, € 9,90 [D]

ISBN 978-3-89392-376-2
Band 176, € 9,90 [D]

ISBN 978-3-86686-211-1
Band 211, € 16,90 [D]

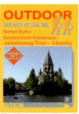
ISBN 978-3-86686-257-9
Band 194, € 14,90 [D]

ISBN 978-3-86686-128-2
Band 128, € 16,90 [D]

ISBN 978-3-89392-507-0
Band 107, € 12,90 [D]

ISBN 978-3-86686-177-0
Band 177, € 9,90 [D]

Alle Bücher können in jeder Buchhandlung, in vielen Ausrüstungs- und Sportgeschäften gekauft oder unter www.conrad-stein-verlag.de bestellt werden.

Jeweils beschriebener Wegverlauf siehe Karte nächste Seite!

Im Alpen- und Voralpenraum unterwegs mit OutdoorHandbüchern aus dem Conrad Stein Verlag

Österreich: Wallfahrten nach Mariazell
ISBN 978-3-86686-224-1
Band 224, € 14,90 [D]

Österreich: Bregenzerwald - Lechquellengebirge Rundweg
ISBN 978-3-86686-183-1
Band 183, € 9,90 [D]

Österreich: Jakobsweg
ISBN 978-3-86686-157-2
Band 157, € 16,90 [D]

Deutschland: Benediktweg
ISBN 978-3-86686-208-1
Band 208, € 9,90 [D]

Deutschland: Jakobsweg vom Oberpfälzer Wald zum Bodensee
ISBN 978-3-86686-142-8
Band 142, € 14,90 [D]

Deutschland Österreich: Jakobsweg München - Bregenz
ISBN 978-3-86686-187-9
Band 187, € 12,90 [D]

Deutschland Österreich: Jakobsweg Augsburg - Bregenz
ISBN 978-3-86686-188-6
Band 188, € 12,90 [D]

Deutschland: Jakobsweg von Darmstadt und Aschaffenburg nach Freiburg
ISBN 978-3-86686-155-8
Band 155, € 12,90 [D]

Deutschland: Schwäbische Alb HW1 / HW 2
ISBN 978-3-89392-519-3
Band 119, € 12,90 [D]

Deutschland - Schweiz: Schwarzwald-Jura Weg
ISBN 978-3-89392-522-3
Band 122, € 9,90 [D]

Schweiz: Wildstrubel-Runde
ISBN 978-3-86686-204-3
Band 204, € 9,90 [D]

Schweiz: Alpenpassroute
ISBN 978-3-86686-209-8
Band 209, € 9,90 [D]

Schweiz: Tour du Wildhorn
ISBN 978-3-86686-198-5
Band 198, € 9,90 [D]

Schweiz: Bärentrek
ISBN 978-3-86686-175-6
Band 175, € 9,90 [D]

Schweiz: Jakobsweg vom Bodensee zum Genfer See
ISBN 978-3-86686-117-6
Band 117, € 14,90 [D]

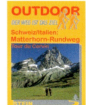

Schweiz/Italien: Matterhorn-Rundweg Tour du Cervin
ISBN 978-3-89392-536-0
Band 136, € 9,90 [D]

Metschbahn	44
Mittaghorn	54
Montreux-Oberland-Bahn	42, 44

N/O
Notruf	33
Orientierung	33

P
Pflanzenwelt	19
Plan des Roses	51, 52, 54
Pointe de la Plaine Morte	47
Post	33
Postauto	24

R
Rawilpass	44, 49, 51, 52, 53
Rawilseeleni	49, 52
Reisezeit	34
Rohrbachstein	50, 54
Rotengraben	66
Rottal	63, 66

S
SAC-Hütten	34
SAC-Wanderskala	18
Sanetsch Barrage	66
Sanetschpass	53, 60, 62
Sanetschsee	61
Schnidejoch	57
Schnurenloch	46
Schweiz Tourismus	29
Schweizerische Bundesbahn	24
SchweizMobil	35
Schwierigkeitsgrade	17
Sex Rouge	59
Sicherheit	16
Simme	44
Simmenfälle	44, 46
Sprache	36
Stierelager	49
Studer, Gottlieb Samuel	14
Studerhorn	14

T
Telekommunikation	33
Tierberglihöhle	44
Tierwelt	19
Trinken	27
Trinkwasser	36
Trüttlisbergpass	76
Tungelpass	72

U
Übernachtung	36
Umwelt	21

V/W
Vordere Wispile	66
Weißhorn	50
Weisshornlücke	51
Wetter	22
Wildhornhütte	72, 75
Wildstrubelhütte	46, 47, 49, 50, 52

Z
Zeiten	37

Index

A
Alpage du Rawil — 54
Arête de l'Arpille — 60
Arpelistock — 63
Ausrüstung — 25
Ausstiegsmöglichkeiten — 27

B
Barrage du Sanetsch — 61
Betelberg — 44
Betelberg/Leiterli — 76
Blattihütte — 49

C
Cabane des Audannes — 44, 51, 52, 56, 58
Chüetungel — 72
Col des Audannes — 60
Col des Eaux Froides — 51, 52, 55
Col du Pillon — 62
Col du Sanetsch — 60, 62
Crans-Montana — 47

D/E
Derborence — 65
Essen — 27

F
Feissenberg — 69

G
Geld — 28
Geltenhütte — 63, 66, 68, 70, 72
Geltenschuss — 72
Geschichte — 13
Gesundheit — 28
Gipfel — 14
Grand' Gouilles — 60
Grundvoraussetzungen — 14
Gsteig — 62

H
Hahnenmoospass — 44
Handy — 34
Hindere Wispile — 66

I
Iffigenalp — 46, 47, 76, 78
Iffigfall — 44, 47, 53, 79
Iffigsee — 78
Internetlinks — 29

K/L
Karten — 29
La Selle — 58
Lac de Sénin — 61
Lac de Ténéhet — 51, 52, 56
Lac de Tseuzier — 52, 54
Lac des Audannes — 56
Langermatte — 54
Lauenensee — 66, 68
Lenk — 42, 44, 78
Lenkerseeli — 79
Les Audannes — 56
Les Diablerets — 65
Literatur — 30
Lourantse — 52

M
Markierung — 31

Index

Ein herrlicher Wanderweg führt am Iffigsee entlang

☺ Wenn Sie am fünften Tag nicht auf der Wildhornhütte übernachten, sondern gleich weiter absteigen zur Iffigenalp und von dort mit dem Bus nach Lenk fahren, sind die Etappen 5 und 6 ohne weiteres an einem Tag wanderbar. ⌛ 6 Stunden, ☞ Variante bei Etappe 5.

↳ Variante: Von der Wildhornhütte über das Iffighore

Schöne Variante inklusive Gipfel. Das Iffighore, 2.378 m, ist eine leicht erreichbare Aussichtskanzel auf dem Weg nach Lenk.

⌛ 5 Std., ⇧ 280 m, ⇩ 1490 m, Schwierigkeit T3
- Wildhornhütte (2.303 m) - Iffighore (2.378 m) 1½ Std.
- Iffighore (2.378 m) - Iffigfall (1.319 m) 2 Std.
- Iffigfall (1.319 m) - Lenk (1.068 m) 1½ Std.

🚶🚶 Beim Abstieg von der Wildhornhütte nicht ganz bis an die Ufer des Iffigsees absteigen, sondern kurz oberhalb bei einer Abzweigung (gelber Wegweiser) den linken Pfad wählen und den Hang hinauf ansteigen zum Iffighore, 2.378 m. Vom Gipfel bietet sich eine herrliche Rundumsicht auf die nahen Berge des Wildstrubel-Wildhorn-Gebietes und weit darüber hinaus.

Der Hohberg ist ein rundlicher Bergrücken, das Iffighore sein höchster Punkt. Daher steigen Sie jetzt nur noch ab - zunächst noch durch eine geschützte Landschaft. Iffighore und Hohberg liegen im Naturschutzgebiet Gelten-Iffigen. Dort bestehen strenge Schutzbestimmungen, u.a. ein generelles Pflückverbot. So können Sie neben der Aussicht je nach Jahreszeit auch eine herrliche Blumenvielfalt bestaunen. Beim Iffigfall treffen Sie wieder auf die oben beschriebene Hauptroute.

🚶🚶 Von der Wildhornhütte ist auch ein Aufstieg auf das Niesehore oder Niesenhorn, 2.776 m, möglich. Trittsicherheit absolut erforderlich. ⌛ Aufstieg 2 Std., Abstieg 1½ Std. Zeitlich nur mit Zusatztag auf der Wildhornhütte machbar.

6. Etappe: Wildhornhütte - Lenk

◆ Unterkünfte in Lenk ☞ Etappe 1

 Von der Iffigenalp mit dem Bus nach Lenk. Zeitersparnis 2 Std. Abfahrt jede Stunde, immer: 45, letzter Bus um 17:45

Von der Wildhornhütte dem markierten Wanderweg folgen, bis an die Ufer des Iffigsees, 2.065 m, schöne Rastplätze. Nun ohne jegliche Schwierigkeiten durch das Iffigtal hinab zum Berghaus Iffigenalp, 1.584 m. Weiter am linken Ufer des Iffigbaches durch den Wald absteigen, vorbei am Iffigfall, 1.420 m, der aus über 100 m in die Tiefe kracht. Ein Naturschauspiel der Extraklasse.

Unterhalb des Wasserfalles überschreiten Sie den Iffigbach auf einer Brücke und wandern nun auf der rechten Bachseite durch das Pöschenriedtal. In der Ey überqueren Sie nochmals den Iffigbach und erreichen kurze Zeit später das stille Lenkerseeli, 1.070 m. Das Seeli steht seit 1971 unter Schutz. Während des Vogelzugs rasten hier viele Vogelarten auf ihrer weiten Reise in den Süden. Im See spiegelt sich der Wildstrubel, eine der bekanntesten Ansichten des Ortes Lenk. Vom Lenkerseeli in wenigen Minuten ins Dorfzentrum.

6. Etappe: Wildhornhütte - Lenk

Die letzte Etappe der Tour du Wildhorn ist eine gemächliche Wanderung bergab. Was nicht heißt, dass Langeweile aufkommt. Im Gegenteil. Auf der Route liegen der glasklare Iffigsee, der Gischt versprühende Iffigfall und das stille Naturschutzgebiet Lenkerseeli.

⌛ 4 Std., ⇧ 1.239 m, Schwierigkeit T2
- Wildhornhütte (2.303 m) - Iffigsee (2.065 m) ½ Std.
- Iffigsee (2.065 m) - Iffigenalp (1.584 m) 1½ Std.
- Iffigenalp (1.584 m) - Lenk (1.068 m) 2 Std.

🛏 Berghaus Iffigenalp (Zimmer und Gruppenunterkunft), ☎ 0 33/7 33 13 33, ✉ info@iffigenalp.ch, 🖥 www.iffigenalp.ch, ab CHF 29

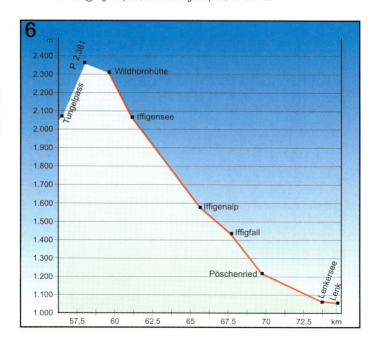

Variante 2: Von Lauenen über den Trüttlisbergpass nach Lenk

🥾 Von der Geltenhütte nicht über das "Geltetrittli" und Chüetungel absteigen, sondern nach der Hütte den linken Pfad wählen und dem markierten Wanderweg hinab nach Lauenen folgen (Aufstiegsroute von Etappe 4). Vom Lauenensee fährt ein Bus nach Lauenen, hiermit können Sie eine Stunde Zeit einsparen. Von Lauenen ohne Schwierigkeiten auf dem markierten Weg über Türli hinauf auf den Trüttlisbergpass. Herrliche Höhenwanderung mit Aussichten auf Arpelistock und Wildhorn, auf Giferspitz und Lauenehore.

Auf dem Trüttlisbergpass wählen Sie die rechte Abzweigung und wandern über das Stübleni zu den Gipstrichtern der Gryde. Sie können am Pass auch links abbiegen und über Lochberg in 2¾ Std. nach Lenk hinabwandern. Die eigenwillige Kraterlandschaft der Gryde ist jedoch unbedingt einen Besuch wert. Nach den Gryden erreichen Sie kurz darauf das Leiterli mit der Betelberg-Bergstation.

Diese Variante ist nicht schwierig, aber doch eine recht lange Etappe. Da ist man froh, dass vom Betelberg eine Seilbahn hinunter nach Lenk schwebt und 1½ Stunden Wanderzeit einspart.

✋ Vorsicht bei Nässe in der Gipslandschaft der Gryde. Wege können sehr rutschig werden.

🌹 Üppige Bergflora am Leiterli. Alpenblumenweg auf dem Betelberg mit über hundert markierten Pflanzenarten.

🚌 Busverkehr zwischen Lauenen und Lauenensee.

🚠 Bergbahn Leiterli-Lenk ☞ Etappe 1 unter Bergbahnen Lenk.

⌘ Die Orte Lauenen und Gsteig (☞ Etappe 4) sind berühmt für ihre uralten, geschmückten Bauernhäuser. Beide Orte stehen im Schweizerischen Bundesinventar für geschützte Ortschaften.

📖 Die Etappe vom Lauensee über den Stigelschafberg zum Iffigsee ist in umgekehrter Richtung im ☞ OutdoorHandbuch Band 175 "Bärentrek" beschrieben. Ebenso der Weg über den Trüttlisbergpass von Lenk nach Lauenen.

nende Varianten angegeben. Wer nicht die ganze Runde erwandern möchte, kann ausgewählte Etappen selbstverständlich auch als Tages- oder Wochenendtour genießen.

Übernachtet wird ausschließlich in Berghütten oder Berggasthäusern, viele Meter hoch über dem Alltag. Während jeder Etappe besteht die Möglichkeit, ins Tal abzusteigen (manchmal gibt es sogar einen Seilbahn- oder Busanschluss), sodass die Tour abgekürzt oder im Notfall abgebrochen werden kann. In den Talorten gibt es Pensionen, Hotels und preiswerte Touristenlager und Sie haben Anschluss an das vorbildliche öffentliche schweizer Verkehrsnetz.

Auch um den markanten Wildstrubel, in unmittelbarer Nähe des Wildhorns, führt eine Rundwanderung. Die Wildstrubel-Runde ist eine sechstägige, anspruchsvolle Trekkingtour die mit längeren Tagesetappen als die Tour du Wildhorn aufwartet. Beide Weitwanderungen können miteinander verbunden werden, haben sie doch im Gebiet Lenk - Iffigenalp - Rawilpass - Wildstrubelhütte gemeinsame Berührungspunkte. Doch während für Wanderer auf der Wildstrubel-Runde eine Besteigung des Wildstrubels möglich ist, trifft dies auf das Wildhorn während der Tour du Wildhorn nicht zu. Das Wildhorn ist ein Firngipfel, der nur mit Gletscherausrüstung und Hochtourenerfahrung zu besteigen ist. Wanderer bestaunen den formschönen Berg besser vom sicheren Wanderweg aus.

Geschichte

Das Wildhorn wurde erstmals am 10. September 1843 von Gottlieb Samuel Studer mit M. Schäppi und einem Bergbauern von Iffigen bestiegen.

Gottlieb Samuel Studer (5.8.1804 - 22.12.1890) war nicht nur ein guter Bergsteiger, sondern tat sich auch als Sachbuchautor und Panoramazeichner hervor. Seine bekanntesten Werke sind "Berg- und Gletscherfahrten in den Hochalpen der Schweiz" und "Über Eis und Schnee", in dem er die Geschichte der Besteigung der höchsten schweizer Gipfel schildert.

Studer bestieg angeblich 643 Gipfel, darunter waren ca. 20 Erstbesteigungen, darunter das Sustenhorn, die Diablerets und das Große Rinderhorn.

Er durchstreifte jedoch nicht zu Forschungszwecken das Hochgebirge, wie es damals im "goldenen Zeitalter des Alpinismus" viele Gelehrte taten, sein Interesse galt der Topografie. Zwischen 1833 und 1881 fertigte er ca. 2.000 Panoramazeichnungen an. Eine unglaubliche Leistung, wenn man bedenkt, welch widrige und schwierige Wetterverhältnisse oft auf den Gipfeln herrschen. Seine auf hoher Warte gemachten Skizzen verarbeitete er zuhause zu farbigen Panoramen und Rundumsichten.

In der Stadt Bern steht ihm zu Ehren der "Studerstein" an einer Stelle, an der er einst ein Alpenpanorama zeichnete. Und nach Gottlieb Samuel Studer ist natürlich auch ein Berg benannt: Das Studerhorn (3.638 m) steht in den Berner Alpen, und ist, wie das Wildhorn, ein Grenzberg zwischen den Kantonen Bern und Wallis. Sein Erstbesteiger: Natürlich Gottlieb Samuel Studer.

Gipfel

Im Verlauf der Tour du Wildhorn können Sie einige lohnende Gipfel besteigen. Entweder im Rahmen einer Etappe mit zusätzlichem Zeitaufwand oder als separate Tagestour. Da wären der Arpelistock (3.035 m), östlich des Sanetschpasses, das Niesehorn (2.776 m), über der Wildhornhütte oder das Iffighorn (2.378 m), über dem Iffigsee.

Auf mögliche Gipfelziele wird bei den einzelnen Etappen hingewiesen, inklusive Schwierigkeiten und Zeitbedarf.

Grundvoraussetzungen

Für eine Weitwanderung braucht es vor allem eine gute Grundkondition, Ausdauer, Trittsicherheit und eine gute Planung. Schon zu Hause sollten Sie sich mit dem Gelände vertraut machen, d.h. Landeskarten und Bücher studieren. Wer im Kartenlesen bereits geübt ist, kann sich die Landschaft auch ohne naturnahe Einsicht vor Ort vorstellen.

Auf der Karte wird die Landschaft aus der Vogelschau betrachtet, es ist ein Verkleinerungsmaßstab vermerkt. Dieser gibt an, in welchem Umfang die tatsächliche Landschaft verkleinert dargestellt worden ist. Der Maßstab

Die Tour du Wildhorn im Überblick

*Um diesen Berg dreht sich alles:
Das Wildhorn erhebt sich zwischen Wallis und Berner Oberland*

1:25.000 beispielsweise gibt an, dass Distanzen 25.000-mal kleiner eingezeichnet sind. Ein Wegstück von 1 km Länge schrumpft auf der Karte auf eine Strecke von 4 cm zusammen. Oder: streicht man von der Maßzahl 2 Stellen ab, dann erhält man die Anzahl Meter in der Natur, die einem Zentimeter auf der Karte entsprechen.

Höhenkurven, Höhenkoten und Reliefschattierung machen es möglich, Höhen und Niederungen zu differenzieren. Je enger die Kurven auf der Karte beieinander liegen, desto steiler ist das Gelände in natura. Je weiter die Kurven auseinander liegen, desto flacher ist das Gelände. Die Farben der Kurven weisen auf unterschiedliche Bodenarten hin: Braun steht für Gelände mit Vegetation, Grün für Wald, Schwarz für Geröll und Fels, Blau für Eis, Firn, Gletscher und Seetiefen.

Die angegebenen Wanderzeiten auf den gelben Wegweisern basieren auf einer Streckenlänge von 4,2 km in der Stunde. Besondere Wegverhältnisse, schwieriges Gelände, Auf- und Abstiege sind mit berücksichtigt. Pausen und Rastzeiten sind nicht eingerechnet. Im Aufstieg bewältigt man ca. 400 m in der Stunde, im Abstieg ca. 600 m.

Die gelb markierten Wanderwege können in der Regel gefahrlos begangen werden, die Begehung von weiss-rot-weiss markierten Bergwanderwege stellt höhere Anforderungen bezüglich Ausdauer, Trittsicherheit und Bergerfahrung. Alpine Routen sind in der Schweiz weiss-blau-weiss markiert. Sie führen teilweise über wegloses Gelände, über Schneefelder und Gletscher oder durch Felspartien mit kurzen Kletterstellen. Die Begehung der alpinen Routen setzt eine gründliche Bergerfahrung voraus.

Auf der Tour du Wildhorn bewegen Sie sich auf weiß-rot-weiß und weiß-blau-weiß markierten Pfaden in anspruchsvollen Höhen. Das heißt Witterungseinbrüche können unvermittelt auftreten, der Wetterentwicklung ist daher große Beachtung zu schenken. Vorsicht auf steilen und nassen Grashängen und beim Queren von Schneefeldern, auch die Begehung von Geröllhalden, Steinschlagrunsen und Gletschern ist mit Risiko verbunden.

Wichtig ist daher vor allem eine gesunde Selbsteinschätzung. Die drei Faktoren Gelände, Verhältnisse und Mensch beeinflussen sowohl die Planung als auch die Tour selbst. Schon vorher sollte man sich einige Fragen stellen: Ist die Tour für alle in der Gruppe machbar? Wie ist der Wetterbericht? Wie ist die aktuelle Wetterlage? Sind Wegabschnitte noch mit Schneeresten bedeckt?

Auch während der Tour sind selbstkritische Fragen erlaubt: entspricht das, was ich mir vorgenommen habe, meinen Fähigkeiten, meinen Erwartungen? Bei einem Nein ist eine Umkehr kein Zeichen von Schwäche, sondern eher eine vernünftige Entscheidung. Es empfiehlt sich daher, schon bei der Planung Ausweich-Varianten zu überlegen, auf die im Notfall (Wetterumsturz, Schwäche) zurückgegriffen werden kann. Im übernächsten Kapitel, bei den einzelnen Etappen, finden sich die Telefonnummern der Verkehrsvereine und Hüttenwarte. Dank ihrer Auskunft können Sie sich ein Bild vom Zustand der Wander- und Hüttenwege machen. Sollte eine Passage zu anspruchsvoll sein, gibt es immer Möglichkeiten, eine einfachere, nicht weniger attraktive Variante zu wählen.

Einige grundsätzliche Regeln zur Sicherheit:
- ▷ Bergwanderungen nach Möglichkeit nicht alleine unternehmen.
- ▷ Drittpersonen über die Tour informieren, bei der Ankunft zurückmelden.

- ▷ Auf vollständige und geeignete Ausrüstung achten.
- ▷ Offiziell markierte Wanderwege nicht verlassen.
- ▷ Erkundigungen über Wegverhältnisse einholen (Hüttenwart, Tourist-Info).
- ▷ Route der Jahreszeit anpassen (Tageslicht), am besten frühmorgens aufbrechen.
- ▷ Wetterentwicklung beobachten.
- ▷ Gletscher (Spaltengefahr) nur unter fachkundiger Führung (z.B. Bergführer) begehen.
- ▷ Regelmäßige Pausen einlegen (Energieriegel).
- ▷ Ausreichend Flüssigkeitszufuhr. Nicht erst trinken, wenn Durstgefühl aufkommt.
- ▷ Route den eigenen Fähigkeiten anpassen.
- ▷ Im Zweifelsfall (Schwäche, Unwohlsein, Wetterumsturz) umkehren.

Besondere Situationen:
- ▷ Bei **Gewitter** einen geschützten Ort aufsuchen, frei stehende Bäume, Gipfel und Grate verlassen. Bei Blitzschlag mit geschlossenen Füßen kauern, Drahtseile und Ketten nicht berühren.
- ▷ Bei aufziehendem **Nebel** die Route auf der Karte genau mitverfolgen Bei dichtem Nebel ist ohne Sicht eine Standortbestimmung nicht mehr möglich. Bei einem Orientierungsverlust Pause machen und bessere Sicht abwarten.

Schwierigkeitsgrade

Die Schwierigkeitsbewertung in diesem Buch orientiert sich an der Wanderskala des schweizerischen Alpenclubs SAC, die von T1 (Wandern) bis zu T6 (schwieriges Alpinwandern) reicht. Die Etappen und Varianten der Tour du Wildhorn bewegen sich zwischen den Schwierigkeitsgraden T2 (Bergwandern) und T4 (Alpinwandern).

Die Schwierigkeitsangaben beziehen sich auf günstige Verhältnisse, also auf gutes Wetter, trockenes Gelände und klare Sicht. Bei Nebel, Regen oder gar Schneefall nehmen die Anforderungen rasch zu.

SAC-Wanderskala

Grad	Weg/Gelände	Anforderungen	Referenztouren
T1 Wandern	Weg gut gebahnt Falls nach SAW-Normen markiert: gelb Gelände flach oder leicht geneigt, keine Absturzgefahr	Keine Für Turnschuhe Orientierung problemlos, auch ohne Karte möglich	Männlichen - Kleine Scheidegg; Vermigelhütte; Hüttenweg Jurahaus, Cabane Mont Raimeux; Strada Alta Leventina
T2 Bergwandern	Weg mit durchgehendem Trassee und ausgeglichenen Steigungen Falls markiert: weiß-rot-weiß Gelände teilweise steil, Absturzgefahr nicht ausgeschlossen	Etwas Trittsicherheit, Trekkingschuhe sind empfehlenswert Elementares Orientierungsvermögen	Normalanstiege zur Wildhornhütte, Bergseehütte, Täschhütte ab Täschalp, Capanna Cristallina
T3 anspruchsvolles Bergwandern	Am Boden ist meist noch eine Spur vorhanden, ausgesetzte Stellen können mit Seilen oder Ketten gesichert sein, evtl. braucht man die Hände fürs Gleichgewicht Falls markiert: weiß-rot-weiß Zum Teil exponierte Stellen mit Absturzgefahr, Geröllflächen, weglose Schrofen	Gute Trittsicherheit, gute Trekkingschuhe Durchschnittliches Orientierungsvermögen Elementare alpine Erfahrung	Hohtürli; Sefinenfurgge; Fründenhütte; Grosser Mythen; Pizzo Centrale
T4 Alpinwandern	Weg nicht überall sichtbar, Route teilweise weglos, an gewissen Stellen braucht es die Hände zum Vorwärtskommen. Falls markiert: weiß-blau-weiß Gelände bereits recht exponiert, heikle Grashalden, steil, einfache, Gletscher mit hoher Ausrutschgefahr	Vertrautheit mit exponiertem Gelände, stabile Trekkingschuhe Gewisse Geländebeurteilung und gutes Orientierungsvermögen Alpine Erfahrung	Schreckhornhütte; Dossenhütte; Mischabelhütte; Übergang Voralphütte - Bergseehütte; Vorder Glärnisch; Steghorn (Leiterli); Lisengrat, Pass Casnile Sud

Anderntags können Sie von Lauenen direkt aufsteigen bis Chüetungel und weiter wandern wie bei Etappe 5 beschrieben (Teilstück Chüetungel - Tungelpass - Wildhornhütte).

📖 Die Strecke von Gsteig nach Lauenen ist auch in umgekehrter Richtung, als Teil einer Etappe, im OutdoorHandbuch Band 175 "Bärentrek" beschrieben (☞ Buchtipp Seite 70).

5. Etappe: Geltenhütte - Wildhornhütte

Eine paradiesische Route für Hütten- und Passwanderer. Die Route beginnt mit einer anspruchsvollen Passage entlang der Westflanke des Follhore, wo Drahtseile Halt geben und eine Leiter überwunden wird. Anschließend wandern Sie über den Tungelpass vom Saanenland hinüber ins Obersimmental. Die Etappe beeindruckt durch abwechslungsreiche, landschaftliche Besonderheiten. Am Weg liegen Feuchtgebiete und Flachmoore aber auch graue Geröllandschaften, in denen sich trotz aller Kargheit immer wieder blühende Pflanzen zeigen.

⌛ 4 Std., ⇧ 740 m, ⇩ 440 m, Schwierigkeit T3
- ♦ Geltenhütte (2.003 m) - Chüetungel (1.797 m) 1 Std.
- ♦ Chüetungel (1.797 m) - Tungelpass (2.084 m) 1½ Std.
- ♦ Tungelpass (2.084 m) - P. 2.381 - Wildhornhütte (2.303 m) 1½ Std.
- 🏠 Wildhornhütte SAC, Koordinaten: 596.100/136.430 (Infos ☞ Seite 75)

🥾 Von der Geltenhütte folgen Sie dem Wegweiser Chüetungel. Der markierte Wanderweg führt über Wiesen hinüber zur Alp Usseri Gelten mit schönen Rückblicken zu Wildhorn und Arpelistock und linker Hand hinab ins Tal zum rauschenden Geltenschuss. Auch der Aufstiegsweg des Vortages ist zu erkennen und zeigt sich in seiner ganzen Steilheit zwischen herabfließenden Bergbächen.

Der Pfad zieht weiter am rechten Hang des Geltentales talauswärts. Schon bald ist tief unten im Tal der Lauenensee zu erkennen, ein spektakulärer Tiefblick, den man allerdings nur im Stehen genießen sollte. Die nun folgende Passage entlang der Follhore-Westflanke ist nicht zu unterschätzen,

Variante: Von Gsteig über den Chrinepass nach Lauenen

Eine Variante, die nur Sinn macht, wenn Sie nicht auf der Geltenhütte übernachten möchten, sondern eine Unterkunft im Tal (Gsteig oder Lauenen) bevorzugen.

5¼ Std., ⇧ 475 m, ⇩ 1.284 m, Schwierigkeit T3
- Sanetsch Barrage (2.050 m) - Rotengraben (1.478 m) 1¼ Std.
- Rotengraben (1.478 m) - Gsteig (1.184 m) 1 Std.
- Gsteig (1.184 m) - Chrinepass (1.659 m) 2 Std.
- Chrinepass (1.659 m) - Lauenen (1.241 m) oder Lauenensee (1.386 m) 1 Std.

Am Lac de Sénin

Vom Stausee Sanetsch, wie in der Hauptroute beschrieben, zunächst nordwärts absteigen bis P. 2002 und in vielen Zickzackkehren auf steinigem Weg hinab nach Rotengraben. Nun nicht nach rechts, Richtung "Burg" abzweigen, sondern geradeaus weiter absteigen durch den Wald zur Talstation der Sanetschbahn. An der Saane entlang auf ebenem Weg bis ins Zentrum von Gsteig, mit dem beeindruckenden Gasthaus Bären. Nun folgen Sie den gelben Wegweisern und steigen ohne Schwierigkeiten, meist auf eintönigem Hartbelag, hinauf zum Übergang Chrine, 1.659 m. Ab hier, wie oben beschrieben, in 1 Std. nach Lauenen oder in 1¼ Std. zum Lauenensee.

Geltenhütte

Die Geltenhütte ist Eigentum der SAC Sektion Oldenhorn. Sie liegt zuhinterst im Lauenental, am Fuße des Wildhorns und des Geltengletschers, im Naturschutzgebiet Gelten-Iffigen und bietet 90 Schlafplätze in verschieden großen Räumen. Ein eigenes Kraftwerk sorgt für fließend warmes Wasser und Duschen.

Zustiege für Wanderer: Von Lauenen über Lauenensee - Geltenschuss 2 Std vom Lauenensee, 3 Std. von Lauenen. Von der Iffigenalp 5½ Std. Von Lenk über Betelberg - Leiterli 4 Std. Von der Wildhornhütte über Chüetungel 4 Std.

- Geltenhütte SAC (immer offen, bewartet von Ende Juni bis Ende Oktober), ☎ 0 33/7 65 32 20, 🖥 www.geltenhuette.ch
- ☺ Klettergarten in Hüttennähe

Ab Lauenensee und Lauenen Postautoverbindung nach Gstaad.

☺ Der Lauenensee befindet sich ca. 5 km südlich von Lauenen. Er besteht aus zwei Seen, welche durch einen Schilfgürtel abgetrennt sind. Die beiden Seen und das Moorgebiet stehen unter Naturschutz. Auf dem See brüten Blässhühner, Stock- und Reiherenten.

- Seerundgang ca. 45 Min. Baden möglich. Ruderbootverleih.
- Restaurant Bühlhaus, Ende Mai bis Ende Oktober, ☎ 0 33/7 65 30 62
- Hotels in Lauenen: Hotel Geltenhorn, ☎ 0 33/7 65 30 22
- ♦ Hotel-Restaurant Alpenland, ☎ 0 33/7 65 34 34, 🖥 www.alpenland.ch, ab CHF 100
- ♦ Hotel Wildhorn, ☎ 0 33/7 65 30 12, 🖥 www.wildhorn.ch

↪ Variante:
Von Gsteig über den Chrinepass nach Lauenen

Diese Variante ist die kürzeste Verbindung zwischen Gsteig und Lauenen, den beiden Dörfern mit geschütztem Ortskern. Die Etappe ist Teil der "Hinteren Gasse", einer Weitwanderung quer durch das Berner Oberland, die auch unter dem Namen "Bärentrek" bekannt ist.

- 📖 Schweiz: Bärentrek von Iris Kürschner, Conrad Stein Verlag, OutdoorHandbuch Band 175, ISBN 978-3-86686-175-6, € 9,90

ses sollten einst zur Elektrizitätsgewinnung genutzt werden. Dass es nicht so weit kam, ist dem Widerstand der Lauener Bevölkerung zu verdanken. Bereits 1957 wurde das Geltental unter Schutz gestellt, das Naturschutzgebiet heißt heute Gelten-Iffigen und bezieht auch den Iffigfall bei Lenk (☞ Etappe 1) mit ein.

Vom Lauensee steigen Sie durch den Wald auf bis Feisseberg, 1.600 m. Hier weitet sich die Landschaft und Sie wandern am Geltenbach entlang durch bunte Blumenwiesen geradewegs auf den stiebenden Geltenschuss zu. Ein herrlicher Wegabschnitt! Dann zieht der Weg im Zickzack einige steile Kehren hinauf. Das kostet zwar einige Schweißtropfen, doch schon bald wird man mit einer herrlichen Erfrischung belohnt. Kurz vor der Geltenhütte begeistert eine felsige Wegpassage, die hinter einem Wasserfall durchführt - Gratisdusche inklusive. Das Rauschen des Wassers in den Ohren gelangen Sie in wenigen Minuten vollends hinauf zur Geltenhütte, 2.003 m.

Urgemütliche Unterkunft am Fuße wilder Berge: Die Geltenhütte

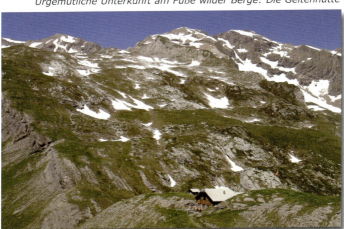

Kurz nach Vordere Wispile rechts abbiegen und weglos über Alpweiden hinauf auf die Walliser Wispile, 1.982 m. Leicht erreichbarer Gipfel mit herrlicher Rundumsicht (📷 Seite 2 bis 3).

ᦉ Variante 1: Von der Geltenhütte zur Iffigenalp

Für eilige Wanderer. Bei dieser Variante sparen Sie sich die Übernachtung auf der Wildhornhütte. Und wem es hinab nach Lenk dann doch zu weit ist, der nimmt auf der Iffigenalp den Bus (letzte Talfahrt um 17:45).

⧖ 7 Std., ⇧ 584 m, ⇩ 1313 m, Schwierigkeit T3
- Geltenhütte (2.003 m) - Chüetungel (1.797 m) 1 Std.
- Chüetungel (1.797 m) - P. 2.381 - Iffigsee (2.084 m) 2½ Std.
- Iffigsee (2.065 m) - Iffigenalp (1.584 m) 1½ Std.
- Iffigenalp (1.584 m) - Lenk (1.068 m) 2 Std.

Von der Geltenhütte, wie auf der Hauptroute beschrieben, über das "Geltetrittli" absteigen bis Chüetungel und wieder aufsteigen zum Tungelpass. Nun nicht nach rechts zur Wildhornhütte abbiegen, sondern in direkter Linie hinab zum Iffigsee und weiter wie bei Etappe 6.

ᦉ Variante 2:
Von Lauenen über den Trüttlisbergpass nach Lenk

Wer genug hat von Steinen und Geröll und statt dem Grau der Felsen wieder das Grün der Weiden und bunte Blumenteppiche betrachten möchte, kann am letzten Tag die Variante über den Trüttlisbergpass wählen.

Hierzu steigen Sie von der Geltenhütte hinab ins Tal nach Lauenen und wandern über den Trüttlisbergpass hinüber nach Lenk. Eine lange Etappe, die jedoch mit der Betelbergbahn um 1½ Std. verkürzt werden kann.

⧖ 8 Std., ⇧ 797 m, ⇩ 1732 m, Schwierigkeit T3
- Geltenhütte (2.003 m) - Lauenensee (1.381 m) 1½ Std.
- Lauenensee (1.381 m) - Lauenen (1.241 m) 1 Std.
- Lauenen (1.241 m) - Trüttlisbergpass (2.038 m) 2½ Std.
- Trüttlisbergpass (2.038 m) - Betelberg/Leiterli (1.943 m) 1½ Std.
- Betelberg/Leiterli (1.943 m) - Lenk (1.068 m) 1½ Std.
- 🛏 Berghotel Leiterli, Betelberg, ☏ 0 33/7 33 35 16,
  ✉ info@huettenzauber-lenk.ch, 🖥 www.huettenzauber-lenk.ch
- ✕ Berghaus Stoss an der Mittelstation der Betelbergbahn, ☏ 0 33/7 33 11 56

5. Etappe: Geltenhütte - Wildhornhütte

Nun wandern Sie wenige Meter abwärts und wählen bei der nächsten Abzweigung den rechten Pfad. Dieser führt geradewegs hinab zur Wildhornhütte, welche tief unten schon zu sehen ist. Ein Abstieg, der nicht mit schönen Aussichten spart: 300 m tiefer liegt das blaue Auge des Iffigsees, eingerahmt von Iffighore, 2.378 m, und den dunklen Wänden des Mittaghorns, 2.561 m. Kurz vor der Wildhornhütte queren Sie den Bach und steigen wenige Meter hinauf zur Unterkunft.

Wildhornhütte
Die Wildhornhütte gehört der SAC Sektion Moléson Fribourg. Sie liegt, wie die Geltenhütte, im Naturschutzgebiet Gelten-Iffigen.

Die letzten Aufstiegsmeter vor der Wildhornhütte

Die Hütte wurde im Jahre 1999 umgebaut und modernisiert, sie bietet 94 Schlafplätze in sieben Räumen.

Zustiege für Wanderer: Lenk - Iffigenalp - Wildhornhütte 5 Std. Iffigenalp - Iffigsee - Wildhornhütte 2¾ Std. Vom Betelberg/Leiterli über Stübleni - Tungelpass 3½ Std. Von Lauenen über Lauenensee - Chüetungel 3½ Std. vom Lauenensee, 5 Std. von Lauenen. Vom Lac de Tseuzier/Barrage du Rawil über Lourantse - Lac de Ténéhet - Schnidejoch - Chilchligletscher 4 Std.

- Wildhornhütte SAC (immer offen, bewartet von Ende Juni bis Mitte Oktober), ☎ 0 33/7 33 23 82, ✉ wildhornhuette@bluewin.ch, 🖥 www.wildhornhuette.ch, 🖥 www.cas-moleson.ch
- ☺ Klettergarten in Hüttennähe

Genusswandern: Aufstieg zum Tungelpass

Nun folgen Sie den Wegweisern "Tungelpass" und "Wildhornhütte" (ab hier noch 2¾ Std.) nach rechts hinauf. Über blühende Alpweiden und mittels eines kurzen Anstiegs erreichen Sie im Angesicht des mächtigen Niesehorns nach wenigen Minuten die Abzweigung bei P. 1.927. Nach links gibt ein Wegweiser "Tungelpass - Wildhornhütte" an, nach rechts heißt es "Stigle - Wildhornhütte - (Vorsicht!)". Der linke Weg ist einfacher zu gehen, holt etwas weiter aus und führt sanft über den Tungelpass, der rechte Pfad zieht durchs Geröll in direkter Linie hinauf. Es ist einerlei, welchen Weg Sie wählen, beide Routen treffen im Bereich des Tungelpasses, welcher auf manchen Karten auch als Stigellegi bezeichnet wird, wieder aufeinander.

Hier überqueren Sie die Grenze der Bezirke Saanen und Obersimmental. Das Grün der Wiesen wird nun wieder vom Grau der Felsen abgelöst. Durch einen steilen Hang (teilweise Drahtseile, Trittsicherheit erforderlich) steigen Sie auf felsigem Untergrund zum höchsten Punkt dieses Wandertages, P. 2.381. Ganz nahe sind nun die mächtigen Wände von Niesehorn, 2.776 m, und Schnidehorn, 2.937 m.

5. Etappe: Geltenhütte - Wildhornhütte

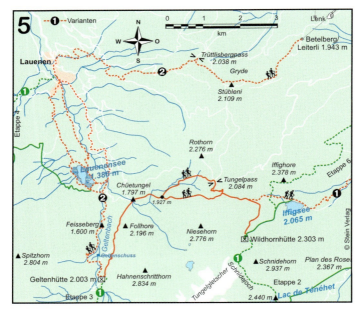

brechen doch unmittelbar links des Weges die Steilflanken zum Tal hin ab. Die montierten Drahtseile sind nicht zur Zierde angebracht! Beim "Geltetrittli" wird eine Steilstufe mittels einer 6 m hohen Leiter überwunden, dann sind die heiklen Momente auch schon überstanden. An abschüssigen Felsen entlang führt der Pfad vollends hinab zur Alp Chüetungel, 1.797 m.

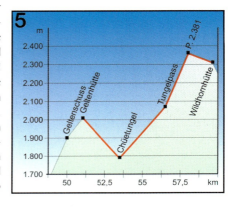

🥾🥾 Ein einfache aber lange Etappe, in deren Verlauf der Weg stets gegeben ist. Der Tag beginnt sogleich mit einem unangenehmen Abstieg auf schotterbedecktem Weg. Die weiß-rot-weißen Farbmarkierungen leiten Sie von der Barrage du Sanetsch zunächst nordwärts bis P. 2.002. Hier befindet sich die Kantonsgrenze Bern/Wallis und nicht, wie vielfach angenommen wird, auf dem Sanetschpass. Anschließend führt der Weg in vielen Zickzackkurven kniemalträtierend hinab bis Rotengraben, 1.478 m. Nun halten Sie sich rechts und wandern, den Wegweisern "Burg" und "Krinnenpass" folgend, in 15 Minuten durch den Wald nach Burg. Einst stand hier tatsächlich eine Burganlage mit Turm, welcher in weniger friedlichen Zeiten der Sicherung des Weges zum Sanetschpass diente.

Die Namen "Walliser Wispile" und "Krinnenpass" auf gelben Wegweisern versprechen schöne Aussichten, doch bis Sie diese genießen können, folgt zunächst der monotonste Abschnitt dieser Etappe. Auf einer breiten, geschotterten Fahrstrasse steigen Sie hinauf bis Vordere Wispile, 1.750 m. Auf der Vorderen Wispile bieten sich jedoch wieder schöne Blicke hinab nach Gsteig und weit bis zum Col du Pillon, einem Straßenpass, der die Verbindung ins Waadtland und in die Genfersee-Region herstellt.

Auf dem Weg zur Hinderen Wispile lohnt der kurze, weglose Abstecher auf die grasige Kuppe der Walliser Wispile, 1.982 m, mit herrlicher Nahsicht auf das Spitzhorn, zur Gletscherwelt der Diablerets und weit über das grüne Saanenland. Der markierte Wanderweg führt weiter über Schotter in wenigen Minuten hinüber zur Hinderen Wispile, 1.875 m. Kurz darauf wird rechts unten der Lauenensee sichtbar, der Weg taucht in den Wald ein und unter den Schuhsohlen hat man endlich wieder einen angenehmen Wanderweg. Nun durch den Wald absteigen, teilweise über schön angelegte Treppenstufen, bis zur Abzweigung (Wegweiser) kurz oberhalb des Krinnenpasses. Nun können Sie in einer Stunde direkt absteigen zum Lauenensee; oder vom Krinnenpass, 1.659 m, auf der Landkarte einfach nur Chrine genannt, in einer Stunde nach Lauenen wandern.

Der Lauenensee ist ein gängiger Ausgangspunkt für eine Tageswanderung zu der bei Familien beliebten Geltenhütte. Einsam ist es auf dem Wanderweg, der nahe am Geltenschuss vorbei führt, also nicht. Zur Erklärung: ein "Schuss" hat nichts mit Pistolen oder Gewehren zu tun, sondern ist im Saanenland die Bezeichnung für einen Wasserfall. Die Wasser des Geltenschus-

4. Etappe: Barrage du Sanetsch - Geltenhütte

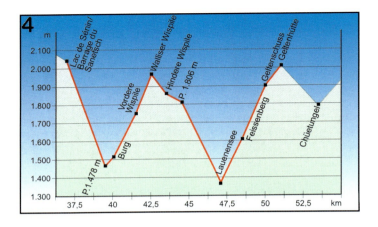

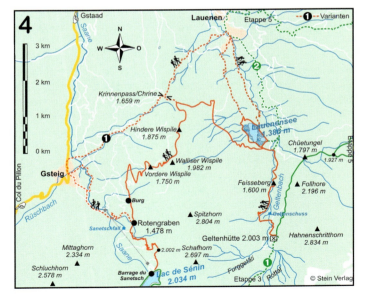

🥾🥾 3.035 m hoch ist der Arpelistock, auf 2.003 m ü. M. liegt die Geltenhütte. Nun steht also ein satter 1.000-m-Abstieg bevor. Auf einer guten Pfadspur steigen Sie über den geröllhaltigen Nordwestgrat zunächst ab zu P. 2.949 und dann in direkter Linie hinab in den Sattel bei P. 2.685. Es empfiehlt sich, gut auf die Markierungen und Steinmännchen zu achten. Der Pfad verläuft nun südöstlich des HühnerHörnli den linken Rand des Geltengletschers hinab ins wilde Rottal. Von steilen Felswänden stürzen Wasserfälle herab, das Schmelzwasser des Geltengletschers bahnt sich in vielen Läufen seinen Weg durch die wilde Schuttlandschaft, über der Wildhorn und Hahnenschritthorn thronen. Bei P. 2.062 verlassen Sie das Rottal, die Geltenhütte kommt ins Blickfeld. Mit schönen Aussichten in das von Wasserfällen und Wasserläufen dominierte Furggetäli steigen Sie über Felsen- und Graspfade vollends ab zur Geltenhütte mit herrlicher Sonnenterrasse.

🏠 Geltenhütte SAC, Koordinaten: 592.340/135.360 (Infos ☞ Seite 70)

4. Etappe: Barrage du Sanetsch - Geltenhütte

Das Saanenland ist ein grünes Land. Bergweiden, Wiesen, ausgedehnte Wälder, Dörfer mit reich verzierten Bauernhäusern und uralten Kirchen. Sanft und lieblich. Das ist der erste Eindruck. Doch das Saanenland hat auch eine andere Seite. Wild und grandios ist der Talschluss, die alpine Umrahmung bilden neben Arpelistock und Wildhorn u.a. Geltenhorn, Spitzhorn, Hahnenschritthorn und Niesehorn. Wasserfälle stürzen über die Felsen wie der Geltenschuss bei Lauenen, Seen liegen eingebettet in der Landschaft wie der romantische Lauenensee. Beide Naturwunder bestaunen Sie auf dem Weg von der Barrage du Sanetsch zur Geltenhütte.

⌛ 6½ Std., ⇧ 1.000 m, ⇩ 1.000 m, Schwierigkeit T3
- ♦ Sanetsch Barrage (2.050 m) - Rotengraben (1.478 m) 1¼ Std.
- ♦ Rotengraben (1.478 m) - Vordere Wispile (1.750 m) 1 Std.
- ♦ Vordere Wispile (1.750 m) - Hindere Wispile (1.875 m) ¾ Std.
- ♦ Hindere Wispile (1.875 m) - Lauenensee (1.386 m) 1¼ Std.
- ♦ Lauenensee (1.386 m) - Geltenhütte (2.003 m) 2¼ Std.

Der Pfad umgeht bald darauf eine Felspartie, holt nach Osten aus und steigt im Zickzack durch die Südostflanke an. Auf ca. 2.920 m tangiert der Pfad, bei einem markanten Einschnitt, nochmals den Südgrat. Verwittert sind die Felsen, brüchig das Gestein und schwindelerregend die Tiefblicke hinab in den Talboden. Schweißtreibend sind die letzten Meter durch eine steile Geröllhalde hinauf zum höchsten Punkt, wobei unterhalb des Gipfels manches Mal die Zuhilfenahme der Hände nötig ist. Oben angekommen werden Sie von einem überraschend weiten Gipfelplateau und einem großen Steinmann empfangen, in dem sich das Gipfelbuch versteckt.

Die Aussicht vom Arpelistock? Natürlich, das Matterhorn erkennt jeder, aber da sind auch der Dom oder die Dufourspitze, das Weisshorn oder das Zinalrothorn. Die ganze Palette der Walliser 4.000er macht sich da breit, dazu Europas höchster, das Massiv des Mont Blanc. Ganz nah ist das Geltenhorn, ein scharfer Blockgrat zieht hinüber zum unmittelbaren 3.000er-Nachbarn des Arpelistocks. Und drüben auf der anderen Seite steht das Oldenhorn über dem eisigen Meer von Tsanfleuron, ebenfalls ein luftiges 3.000er-Erlebnis. Bei diesem Panorama bleibt man gerne etwas länger sitzen.

Wo der Teufel mit seinen Kindern kegelt

Vom Arpelistock blicken Sie direkt auf die weiten Karrenfelder der Lapis de Tsanfleuron, auf den Diableretsgletscher und natürlich auf die vergletscherten Les Diablerets. Der Legende nach sollen sich die blühenden Weiden des Tsanfleuron nach der Tat eines hartherzigen Hirten in ewigen Schnee und Eis verwandelt haben. Gerne wurde an böse Geister und dunkle Mächte geglaubt, besonders nach Felsstürzen und anderen Naturereignissen ließen die Alpbewohner ihrer Fantasie freien Lauf. Und natürlich spielte in den Legenden auch der Teufel eine Rolle. Quille du Diable, Teufelskegel, heißt denn auch ein steil und spitz in den Himmel aufragender Felsbrocken. Hier soll einst der Teufel mit seinen Kindern gekegelt und Eisbrocken in das Bergsturzgebiet von Derborence geworfen haben.

Diabolisch ist heute einzig das Sommerskigebiet "Glacier 3000": Seilbahnen, Skilifte, Schlittenhundefahrten - und über allem thront ein futuristisches Bergrestaurant. Doch in den Zeiten der Klimaerwärmung schmelzen nicht nur die Gletscher, auch das Thema Sommerskilauf wird sich in naher Zukunft von selbst erledigen.

Durch diese Variante ist die Tour du Wildhorn auch in 4 bis 5 Tagen wanderbar, denn Sie sparen sich den "Umweg" über den Col du Sanetsch. Wer dann noch am ersten Tag auf die Wildstrubelhütte verzichtet und von der Iffigenalp direkt über den Rawilpass zur Cabanne des Audannes wandert oder gegen Ende die Wildhornhütte auslässt, schafft die Tour du Wildhorn auch an 3 bis 4 Tagen.

6½ Std., ⇧ 990 m, ⇩ 1500 m, Schwierigkeit T4

- Cabane des Audannes (2.508 m) - La Selle (2.709 m) 1 Std.
- La Selle (2.709 m) - Col des Audannes (2.850 m) ¾ Std.
- Col des Audannes (2.850 m) - Grand' Gouilles (2.471 m) 1 Std.
- Grand' Gouilles (2.471 m) - Arête de l'Arpille - Arpelistock (3.035 m) 2 Std.
- Arpelistock (3.035 m) - Geltenhütte (2.003 m) 2½ Std.
- Geltenhütte SAC, Koordinaten: 592.340/135.360 (Infos ☞ Seite 70)

Der Arpelistock ist ein anspruchsvoller Dreitausender und eine lohnende Variante

Von der Cabane des Audannes zunächst wie auf der Hauptroute beschrieben über den Col des Audannes nach Grand' Gouilles und auf die Arête de l'Arpille. Bei der Wegkreuzung, wo die Hauptroute dem Grat entlang zum Col du Sanetsch folgt, steigen Sie auf der gut erkennbaren Pfadspur steil nach rechts, den Südgrat des Arpelistocks hinauf. Es ist noch nicht allzu lange her, da war der Arpelistock nur auf einem unmarkierten Pfad ersteigbar. Nun ist der Gipfelanstieg und die Überschreitung zur Geltenhütte als Alpinpfad weiß-blau-weiß markiert. Steinmännchen erleichtern zudem die Orientierung.

war Schauplatz von so manchem Scharmützel. Da wurden Kämpfe um Viehherden und Alpweiden ausgetragen und nicht selten auch der Streit um die Glaubenszugehörigkeit. Berner und Walliser waren sich eben nicht immer freundlich gesinnt, wie auch die Geschichte am Rawilpass (☞ Etappe 1) beweist.

↬ Variante: Über den Arpelistock zur Geltenhütte

Ein echter Höhepunkt, im wahrsten Sinne des Wortes, ist die Überschreitung des Arpelistocks, 3.035 m, südwestlicher Eckpunkt der Berner Alpen und ein spektakulärer Wanderdreitausender. Er erhebt sich in unmittelbarer Nähe des Wildhorns und ist für konditionsstarke, trainierte und trittsichere Bergwanderer auf einer direkten Etappe Cabane des Audannes - Geltenhütte durchaus machbar. Auf dem Weg dorthin erleben Sie, wie auf der Normalroute, die Fels- und Geröllwüste auf Grand' Gouilles, den obersten Abschnitt des Gratweges Arête de l'Arpille und darüber hinaus noch das wildromantische Rottal. Der Arpelistock ist der höchste Punkt auf der Tour du Wildhorn, die Überschreitung ist weiß-blau-weiß markiert, also ein anspruchsvoller Alpinpfad.

Wer die Variante über den Arpelistock wählt wandert durch das wilde Rottal

Nahe der Auberge du Barrage du Sanetsch gibt es eine Seilbahn hinab ins Tal nach Gsteig. Einst zum Bau des Kraftwerkes und der Staumauer gebaut, ist die Bahn heute für den Tourismus in Betrieb und im Notfall eine willkommene Abstiegshilfe. Die Kabine fasst nur acht Personen, so muss an Schönwettertagen in der Hochsaison mit längeren Wartezeiten gerechnet werden.

- ♦ Fahrbetrieb von 8:30 bis 17:00. Abstieg zu Fuss: Barrage du Sanetsch - Gsteig ⧖ 2 Std.

Ab Gsteig Postautoverbindung nach Gstaad, Lauenen und Lauenensee.

⌘ In Gsteig, 1.184 m, einer kleinen Ortschaft am Fuße des Col du Pillon, sind zwei Gebäude sehenswert: Mitten im Dorf steht die Kirche, erbaut im Jahre 1453, daneben das traditionelle Gasthaus "Bären" aus dem Jahre 1756. Gsteig ist vor allem Ausgangspunkt für Touren ins Sanetschgebiet und in die Bergwelt der Diablerets.

Auf dem Abschnitt Col du Sanetsch - Barrage du Sanetsch - Rotengraben bzw. Gsteig befinden Sie sich auf der neu markierten nationalen Highlight-Route Nr. 82, dem Sanetsch-Muveran-Weg.

- ♦ Jochen Ihle: "Wanderland Schweiz - Highlights West" - Die schönsten nationalen Routen der Schweiz, herausgegeben von den Schweizer Wanderwegen, AT-Verlag, Baden, 2008.

Pässe trennen, Pässe verbinden

Das alte Holzkreuz unterhalb des Sanetschpasses steht wie ein Mahnmal in der Landschaft. Pässe verbinden. Ist der Sanetsch doch ein schon seit Jahrhunderten begangener Übergang zwischen den Kantonen Bern und Wallis. Sowohl die Säumer, die den beschwerlichen Weg auf sich nahmen, um ihre Waren vom einen Tal in das andere zu transportieren, als auch die Walliser Bauern die ihr Vieh über den Pass auf die Alpweiden bei Gsteig trieben, nutzen den Übergang.

Pässe können auch trennen. Im 14. und 15. Jahrhundert erscholl des Öfteren Kriegsgeschrei - der Col du Sanetsch, auch Col du Sénin genannt,

Hier entspringt der Fluss Saane, welcher im Grenzgebiet der Kantone Bern und Wallis Sarine heißt. Wer aufmerksam entlang des jungen Flusses wandert, der durch Gräben dem Stausee zufließt, entdeckt Steinböcke, Gämsen und Murmeltiere. Auf dem alten Saumweg, der sich durch die vom Wasser zerfurchte Wiesenlandschaft zieht, gelangen Sie in einer knappen Stunde ohne Schwierigkeiten hinab zum Sanetschsee, französisch: Lac de Sénin, 2.034 m. Der zur Elektrizitätsgewinnung gestaute See liegt auf einem Hochplateau, eingebettet in grüne Weiden, umschlossen von steilen Berghängen: Schluchhorn, Mittaghorn und Sanetschhorn auf der rechten, Arpelihorn und Arpelistock auf der linken Talseite. Unterkunft bietet die Auberge du Barrage du Sanetsch, 2.061 m, nur wenige Meter oberhalb der Staumauer.

Barrage du Sanetsch/Staumauer

Die Auberge Relais du Barrage du Sanetsch liegt wenige Meter oberhalb der Staumauer in der Nähe der Seilbahnstation. Restaurant, Zimmer und Schlafsäle. Museum mit vielen Gebrauchsgegenständen aus vergangenen Tagen und nebenan eine Kapelle.

Lädt ein zur Einkehr

- ♦ ☏ 0 33/7 55 12 32,
  💻 www.sanetsch.ch

) Die Kraftwerke Sanetsch wurden 1959 gegründet. Die Schwergewichts-Staumauer wurde in zwei Etappen in den Jahren 1959 bis 1963 und 1964 bis 1966 erstellt. Sie staut ein Wasservolumen von maximal 2,7 Mio. m³ zur Energiegewinnung. Angeln möglich.

☺ Eine romantische Unterkunft ist das Hotel Sanetsch wenige Meter unterhalb des Sanetschpasses auf der Südseite, Richtung Wallis. Die Zimmer strahlen im Charme der Jahrhundertwende und die Aussicht von der Terrasse auf die Walliser 4.000er ist schlicht grandios.

Hotel Sanetsch, ☏ 0 27/3 95 24 10, 💻 www.sanetsch.ch

Geradeaus führt der Weg zur Station Pas de Maimbre mit Seilbahnanschluss nach Anzère. Die "Tour du Wildhorn" folgt dem rechten Pfad steil aufwärts zum Passübergang Col des Audannes, 2.850 m. Am Horizont die Mont-Blanc-Gruppe, folgt nun eine etwas heikle Passage, die Aufmerksamkeit verlangt. Auf Leitern (Halteseile geben zusätzliche Sicherheit) steigen Sie vom Grat direkt hinab auf die Ebene von Grand' Gouilles. Eine steinige Landschaft mit wenig Vegetation, jedoch mit idyllischen, kleinen Seen. Nach einem flachen Abschnitt steigt der Weg nach rechts hin an und erreicht die Arête de l'Arpille, einen aussichtsreichen Grat. Nach rechts führen Pfadspuren hinauf zum Arpelistock (☞ nachfolgende Variante). Sie bleiben jedoch auf dem Gratrücken der Arête de l'Arpille und wandern immer bergab zum Col du Sanetsch, zu deutsch: Sanetschpass, 2.252 m.

Bergstimmung pur: Spiegelung am Col du Sanetsch

Von der Passhöhe Sanetsch besteht sowohl eine Postautoverbindung hinab ins Rhonetal nach Sion (bei Notfall) sowie zur Barrage du Sanetsch. Zeitersparnis ¾ Stunde für die Strecke Sanetschpass - Barrage du Sanetsch.

3. Etappe: Cabane des Audannes - Barrage du Sanetsch

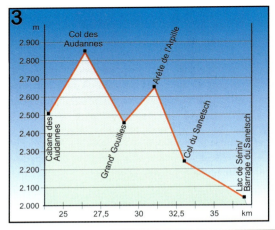

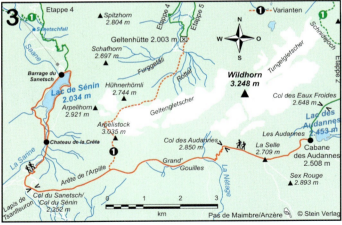

ersteigen: "Sex Rouge, Vue panoramique" steht auf gelbem Wegweiser. In 30 Minuten steigen Sie, dem links abzweigenden Pfad folgend, hinauf zum höchsten Punkt, 2.893 m, mit herrlicher Sicht auf die Walliser 4.000er und die Südseite des Wildhornmassivs.

3. Etappe:
Cabane des Audannes - Barrage du Sanetsch

Vom Rawilpass zum Sanetschpass. Die Etappen 2 und 3 haben es in sich, erwandert man doch auf dieser Strecke die komplette Südseite des Wildhornmassivs. Viel Geröll, graue und rote Felsen dominieren, und ab und zu sorgt ein kleiner See für Farbtupfer. Von der Cabanne des Audannes wandern Sie durch die Felsensteppe der Grand' Gouilles zum Col du Sanetsch. Eine einsame Wanderung, die mit der durch Leitern und Drahtseil gesicherten Passage am Col des Audannes alpinen Charakter erhält.

⌛ 5½ Std., ⇧ 600 m, ⇩ 1.100 m, Schwierigkeit T3

- Cabane des Audannes (2.508 m) - La Selle (2.709 m) 1 Std.
- La Selle (2.709 m) - Col des Audannes (2.850 m) ¾ Std.
- Col des Audannes (2.850 m) - Grand' Gouilles (2.471 m) 1 Std.
- Grand' Gouilles (2.471 m) - Arête de l'Arpille - Col du Sanetsch (2.252 m) 1¾ Std.
- Col du Sanetsch (2.252 m) - Lac de Sénin (2.034 m)/Barrage du Sanetsch 1 Std.

🛏 Auberge Relais du Barrage du Sanetsch, am Lac de Sénin, oberhalb der Staumauer, Koordinaten: 589.110/134.570 (Infos ☞ Seite 61)

🚌 Von der Cabane des Audannes können Sie über den Sattel von La Selle auch absteigen zur Station Pas de Maimbre mit Seilbahnanschluss nach Anzère. Von Anzère Busverbindung nach Sion im Rhonetal.

- Cabane des Audannes - La Selle 1 Std., La Selle - Pas de Maimbre 1 Std. 20 Min.

🥾 Sie verlassen die Cabane des Audannes in westlicher Richtung, folgen den Wegweisern in Richtung La Selle und Col des Audannes. Schon bald ist die Hütte den Blicken entschwunden, eine Wüste aus grauen und roten Steinen bildet die Szenerie. Gegen Ende der Wandersaison kann in dieser Höhe schon Schnee liegen, da ist man dankbar für die roten Farbmarkierungen an den Felsen und vor allem für die gut sichtbaren weiß-rot-weißen Stangen. Nach einer Stunde ist der Sattel von La Selle, 2.709 m, erreicht. An diesem Kreuzungspunkt dreier Wanderrouten können Sie relativ leicht einen Gipfel

Cabane des Audannes (immer offen, bewartet von Juni bis Mitte Oktober), ☎ 0 79/3 10 90 60, ✉ info@audannes.ch, 🖥 www.audannes.ch
☺ Klettergarten in Hüttennähe

Variante:
Von der Wildstrubelhütte über das Schnidejoch

Die Klimaerwärmung macht's möglich. Seit einigen Jahren ist das ehemals vergletscherte Schnidejoch, der Sattel zwischen Wildhorn und Schnidehorn, eisfrei. Das heißt, trittsichere und konditionsstarke Berggänger können von der Rawilroute aus über das Schnidejoch zur Wildhornhütte gelangen.

Allerdings kürzt man die Tour du Wildhorn hiermit massiv ab - und wer möchte das schon? Das Schnidejoch ist aber eine interessante Variante für eine alpine Hütten-Wochenendtour in Kombination mit der Wildstrubelhütte oder mit der Cabane des Audannes.

⌛ 5 Std., ⇧ 327 m, ⇩ 817 m, Schwierigkeit T4
- Wildstrubelhütte (2.793 m) - Rawilpass (2.429 m) 1 Std.
- Rawilpass (2.429 m) - Schnidejoch (2.756 m) - Wildhornhütte (2.303 m) 4 Std.

🥾 Von der Wildstrubelhütte, wie bei der Hauptroute beschrieben, über den Rawilpass zum Lac de Ténéhet. Nun über eine Geröllmulde aufsteigen zum Schnidejoch, 2.756 m. Seit dem Hitzesommer 2003 gab und gibt das namenlose und schwindende Eisfeld unterhalb des Schnidejochs Köcher, Pfeile, Nadeln und Schuhnägel sowie Teile von Kleidungsstücken frei. Archäologen schätzen die prähistorischen Funde aus der Zeit um 4500 v.Chr. Die Funde belegen auch, dass das Schnidejoch schon vor über 5.000 Jahren als Übergang zwischen dem Berner Oberland und dem Wallis benützt worden sein muss.

Der Weg über das Schnidejoch wurde neu markiert. Sie steigen, den Markierungen und Steinmännchen folgend, in beeindruckender Nähe des Tungelgletschers, auf guten Wegspuren hinab zur Wildhornhütte.

ℹ Kurzinfos zur Hütte ☞ Etappe 5

📷 Vom Schnidejoch in 30 Min. über Wegspuren auf das Schnidehorn, 2.937 m. Sensationelle Aussichtskanzel an der Dreitausender-Grenze, ⌛ ca. 1 Std.

Karstlandschaft

Wenn Sie aufmerksam durch die Karstlandschaft wandern, entdecken Sie neben Pflanzen, die sich mühsam ihren Weg durch die Felsensteppe bahnen, auch Versteinerungen. Und natürlich den Lac de Ténéhet, der idyllisch in einem kleinen Tälchen eingebettet liegt.

Ténéhet heißt auch der zentrale Teil der Karrenfelder, den Sie nun in stetigem Auf und Ab durchqueren. So manches Mal benutzt man mit Vorteil auch die Hände zum Festhalten, ehe der Weg hinauf zieht auf den Col des Eaux Froides, 2.648 m, zu deutsch: Kaltwasserpass. Vom Pass bieten sich herrliche Blicke auf die zurückgelegte Wegstrecke: Man sieht das kleine Seelein auf Plan des Roses, den Rawilpass, die Wildstrubelhütte und natürlich den Wildstrubel selbst.

Die Route führt nun steil hinab in den Talkessel von Les Audannes. Unterschiedliche Gesteinsformationen und Farben bestimmen das Landschaftsbild und am Weg liegt, wie könnte es anders sein in dieser Gegend, ein erfrischender Bergsee, der Lac des Audannes, 2.453 m. Das Tagesendziel, die Cabane des Audannes, 2.508 m, liegt nur wenige Meter oberhalb des Sees auf einer aussichtsreichen Terrasse.

Cabane des Audannes

Die Cabane des Audannes, 2.508 m, ist Eigentum des Vereins der Cabane des Audannes. Die Hütte wurde 1993 erbaut und bietet 46 Plätze im Schlafsaal.

Zustiege aus dem Wallis: Pas de Maimbré über Donin - La Selle 2½ Std. Les Rousses über Serin - Poédasson 2½ Std. Die Cabane des Audannes dient Hochtourengängern auch als Ausgangspunkt für eine Wildhornbesteigung.

2. Etappe: Wildstrubelhütte - Cabane des Audannes

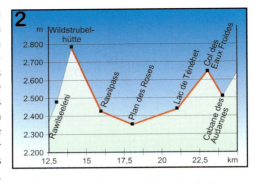

Am namenlosen Seelein auf Plan des Roses wählen Sie den rechten Pfad in Richtung Cabane des Audannes. Der kleine See ist ein schönes Fotomotiv und an den Ufern gibt es herrliche Rastplätze. In der Ferne ist schon das nächste Zwischenziel, der Col des Eaux Froides, welcher die Verbindung zur Cabane des Audannes herstellt, zu sehen. Rechts davon erhebt sich formschön das Wildhorn. Der Weg führt hinab in eine Mulde, steigt wieder leicht an und bietet schöne Blicke auf das Panorama der Walliser Viertausender und hinunter zum Lac de Tseuzier. Die grauen Karrenfelder an den Südseiten von Wildhorn und Schnidehorn bestimmen plötzlich die Szenerie.

Zeigt sich ganz schön wild: Die Südseite des Wildhorn-Massivs

breite Lücke zwischen Mittaghorn und Rohrbachstein. Über den Pass wanderten schon die Römer und auch im Mittelalter wurden Waren über den Pass geschleppt. Und der Rawilpass vermittelt Säumerfeeling. Ganze Viehherden wurden einst über den Pass getrieben und auch so manche Fehde ausgetragen. Die Sage berichtet gar von der "Weiberschlacht auf der Langermatte": Einst fielen die Walliser über den Rawil ein, um den Lenkern ihr Vieh auf der Alp Langermatte zu stehlen. In Abwesenheit ihrer Männer griffen die Frauen mutig zu Äxten, Heugabeln und Sensen und warfen dem Feind auch schon mal Salz und Asche in die Augen. Die wehrhaften Lenker Frauen schlugen so die Angreifer in die Flucht und die Walliser Viehdiebe mussten mit leeren Händen abziehen.

Sie folgen zunächst dem Rawilpassweg, leicht absteigend, durch die Alpage du Rawil. Nach ca. 2 km erscheint rechter Hand das kleine Seelein auf Plan des Roses. Der Passweg führt ab hier weiter steil nach unten zum Lac de Tseuzier. Im Notfall eine Abstiegsmöglichkeit, denn am Lac de Tseuzier kann man auf der Alp Lourantse und nahe der Staumauer übernachten, zudem fährt ein Bus hinab ins Rhônetal nach Sion.

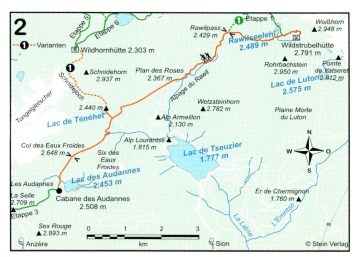

Auch eine Markierung:
Steinmann und Schweizer Fahne, oberhalb der Rawilseeleni

2.489 m, ab. Nun nicht nach rechts zu den Seen abbiegen, sondern links halten und den weiss-rot-weissen Wegmarkierungen zum Rawilpass, 2.429 m, folgen, den Sie in ca. 1 Stunde erreichen. Ein mächtiges Holzkreuz markiert die Passhöhe, eine einfache Schutzhütte bietet Unterstand, gelbe Wegweiser zeigen in alle Richtungen und geben weitere Zwischenziele an.

Wilde Weiber und fürchterliche Pläne

Einst gab es Pläne, die Autobahn A6 ab Ausfahrt Wimmis durchs Simmental zu verlängern. Oberhalb von Lenk, beim Iffigfall, sollte die Autobahn im Berg verschwinden, ein Tunnel das Berner Oberland mit dem Wallis verbinden. Glücklicherweise verschwanden diese Pläne im Papierkorb. Inzwischen gibt es den NEAT-Basistunnel zwischen Frutigen im Berner Oberland und Visp im Wallis. Eine schnelle Verbindung in den Süden und umweltfreundlich. Denn durch diesen Tunnel verkehren nur Züge.

Der Rawilpass bleibt also den Wanderern vorbehalten. Er ist eine geschichtsträchtige Route und wie der Sanetschpass eine uralte Handelsverbindung zwischen dem Wallis und dem Berner Oberland. Er senkt sich als

☺ Im Notfall können Sie vom Rawilpass in 2 Std. absteigen zum Lac de Tseuzier. Am See gibt es Restaurants und Unterkunftsmöglichkeiten und bei der Staumauer eine Bushaltestelle.

) Der Lac de Tseuzier liegt auf einer Höhe von 1.777 m. Ein Damm und eine Bogenmauer stauen die Wasser diverser Zuflüsse zur Energiegewinnung.

✗ Restaurant Barrage an der Staumauer (mit Massenlager), ☏ 0 27/3 98 26 97
♦ Alpwirtschaft Lourantse am oberen Seeende (mit Massenlager), geöffnet Juni bis September, ☏ 0 79/4 31 29 58, 0 76/5 20 63 98, 0 78/6 32 56 98
🚌 Regelmäßige Busverbindungen nach Sion im Rhonetal (hier Bahnanschluss)

2. Etappe:
Wildstrubelhütte - Cabane des Audannes

Der Rawilpass, französisch: Col du Rawil, ist ein uralter Passübergang vom Berner Oberland ins Wallis. Er verbindet Lenk im Simmental mit Sion im Rhonetal und trennt geografisch die Wildstrubelgruppe von der Wildhorngruppe. An den Pass schließt sich südlich das Hochtal Alpage du Rawil an, durch welches Sie in Richtung Lac de Ténéhet wandern.

Bevor das Tagesendziel, die Cabane des Audannes erreicht wird, steht noch der Anstieg auf den Kaltwasserpass, französich: Col des Eaux Froides, 2.648 m, bevor. Eine eindrückliche Etappe in einer wilden Bergwelt.

⧖ 5½ Std., ⇧ 500 m, ⇩ 780 m, Schwierigkeit T4
♦ Wildstrubelhütte (2.793 m) - Rawilpass (2.429 m) 1 Std.
♦ Rawilpass (2.429 m) - Plan des Roses, (2.367 m) - Lac de Ténéhet (2.440 m) 2½ Std.
♦ Lac de Ténéhet (2.440 m) - Col des Eaux Froides (2.648 m) 1½ Std.
♦ Col des Eaux Froides (2.648 m) - Cabane des Audannes (2.508 m) ½ Std.
🏠 Cabane des Audannes, Koordinaten: 595.800/132.450 (Infos ☞ ab Seite 56)

🚶 Von der Wildstrubelhütte, 2.791 m, steigen Sie auf dem steinigen Aufstiegsweg des Vortages bis etwa 50 m oberhalb der Rawilseeleni,

◻ Wer nicht bis auf den Rohrbachstein steigen, aber vor dem Abendessen noch einige Schritte tun möchte, spaziert in wenigen Minuten hinauf zur Weisshornlücke, 2.852 m. Von dort haben Sie einen sensationellen Blick über die Gletscherfläche Plaine Morte und auf den anderen "wilden Berg" in der Gegend, den Wildstrubel.

↳ Variante:
Von der Iffigenalp direkt zur Cabane des Audannes

Wer die Tour du Wildhorn in nur vier Tagen erwandern möchte, muss nicht zwingend zur Wildstrubelhütte aufsteigen. Wenn Sie bei Stiereläger, 2.278 m, die rechte Abzweigung wählen, können Sie in 30 Minuten hinüber zum Rawilpass, 2.429 m, wandern. Vom Passübergang sind es dann noch gut vier Stunden bis zur Cabane des Audannes (eigentlicher Etappenort am Ende des zweiten Tages). Mit dem Aufstieg Iffigenalp - Rawilpass eine satte 7-Stunden-Tour.

⌛ 7 Std., ⇧ 1.126 m, ⇩ 202 m, Schwierigkeit T3
- Iffigenalp (1.584 m) - Stiereläger (2.278 m) 2 Std.
- Stiereläger (2.278 m) - Rawilpass (2.429 m) ½ Std.
- Rawilpass (2.429 m) - Plan des Roses, (2.367 m) - Lac de Ténéhet (2.440 m) 2½ Std.
- Lac de Ténéhet (2.440 m) - Col des Eaux Froides (2.648 m) 1½ Std.
- Col des Eaux Froides (2.648 m) - Cabane des Audannes (2.508 m) ½ Std.

✋ Bei dieser Variante gilt es zu bedenken, dass der erste Bus morgens um 8:28 in Lenk abfährt und um ca. 9:00 auf der Iffigenalp ankommt. Sie können also erst um diese Zeit loswandern, da darf bei einer reinen Gehzeit von 7 Std. (ohne Pausen) nicht viel dazwischen kommen, um spätmittags/abends zu einer vernünftigen Zeit auf der Cabane des Audannes einzutreffen.

🚶🚶 Von der Iffigenalp, wie oben bei der Hauptroute beschrieben, zur Abzweigung bei Stiereläger, 2.278 m. Nun nach rechts dem gelben Wegweiser folgen und leicht ansteigend in 30 Minuten zum Rawilpass, 2.429 m. Vom Rawilpass weiter wie anschließend bei ☞ Etappe 2 beschrieben.

Ursprünglich übernachtete man in zwei Hütten, deshalb ist auch öfter die Rede von den Wildstrubelhütten. Der Altbau von 1927 wurde in den Jahren 2004/05 liebevoll renoviert, sodass nun die Gäste in der neuen Wildstrubelhütte empfangen werden. Diese liegt auf einem kleinen Plateau westlich des Weißhorns und am Fuße des Rohrbachsteins. Bei schönem Wetter sind fabelhafte Sonnenuntergänge garantiert.

Zustiege für Wanderer: Von Crans Montana über Pointe de la Plain Morte - Weisshornlücke 1 Std. Vom Lac de Tseuzier über Plan des Roses - Rawilpass 3 Std. Von Lenk über Simmenfälle - Rezliberg - Fluhseeli - Tierbergsattel 6 Std. oder über Iffigenalp - Rawilseeleni 4 Std.

- Wildstrubelhütte SAC (immer offen, bewartet von Ende Juni/Anfang Juli bis Mitte/Ende Oktober), ☎ 0 33/7 44 33 39, ✉ wildstrubelhuette@bluewin.ch, 💻 www.wildstrubelhuette.ch
- ☺ Klettergarten und Boulderwand direkt bei der Hütte

Neu renoviert: Wildstrubelhütte

Der Rohrbachstein, 2.950 m, ist ein markanter Gipfel über der Wildstrubelhütte. Wer noch Zeit und Kondition hat, kann am Spätnachmittag von der Hütte aus in einer Stunde auf Wegspuren hinaufsteigen, Schwierigkeit T4.

1. Etappe: Lenk bzw. Iffigenalp - Wildstrubelhütte

🚶🚶 Vom Berghaus Iffigenalp, 1.584 m, den Wegweisern zur Wildstrubelhütte folgen. Der Weg verläuft zunächst kurz eben, steigt jedoch schon bald steil durch den Wald hinan. Es bieten sich herrliche Ausblicke ins Obersimmental, ehe Sie die steile Felswand des Mittaghorns erreichen. Der alte Saumweg wurde hier aus dem Fels gesprengt und führt, mit Halteseilen versehen, hinauf zur Blattihütte, 2.029 m, (nur Unterstand). Nun mit wenig Steigung in die flache Mulde des Stiereläger, 2.278 m. Nach rechts führt der Pfad weiter in 30 Minuten auf den Rawilpass, 2.429 m, nach links zu den Rawilseeleni, 2.489 m.

Die Rawilseeleni liegen idyllisch in einer Geländemulde und bieten an ihren Ufern herrliche Rastplätze. Ausruhen ist auch nötig, denn der nun folgende, finale Anstieg zur Wildstrubelhütte ist schweißtreibend. Nach wenigen Minuten erreichen Sie einen Stein mit der deutlichen Aufschrift "Wildstrubelhütte 30 Minuten". Die Hütte ist schon in Sichtweite, doch dieser 30-Minuten-Anstieg scheint nicht enden zu wollen. Mühsam über loses Geröll geht es hinauf zur gastlichen Unterkunft, die traumhaft schöne Sonnenuntergänge verspricht.

Wildstrubelhütte
Die Wildstrubelhütte, 2.791 m, gehört den Sektionen Wildhorn und Kaiseregg des Schweizer Alpenclubs und bietet 70 Schlafplätze. Sie ist die höchstgelegene SAC-Hütte im westlichen Berner Oberland.

1. Etappe: Lenk bzw. Iffigenalp - Wildstrubelhütte

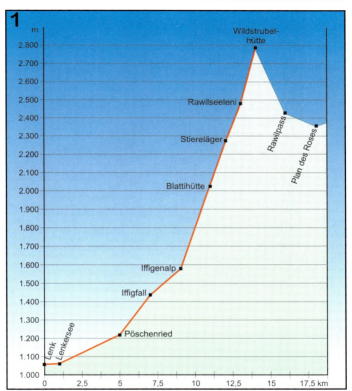

mäßiger Busverkehr ab Lenk sorgt für ein bequemes Bergauf zum Ausgangspunkt. Die Strecke Lenk-Iffigenalp, welche am tosenden Iffigfall vorbeiführt, erwandern Sie am letzten Tag beim Abstieg von der Wildhornhütte.

Die Iffigenalp ist idealer Startpunkt zur Tour du Wildhorn

- 4 Std., ⇧ 1.209 m, Schwierigkeit T3
- ◆ Iffigenalp (1.584 m) - Stiereläger (2.278 m) 2 Std.
- ◆ Stiereläger (2.278 m) - Rawilseeleni (2.489 m) 1 Std.
- ◆ Rawilseeleni (2.489 m) - Wildstrubelhütte (2.793 m) 1 Std.
- Von Lenk mit dem Bus zur Iffigenalp. Abfahrtszeiten: 8:28, 9:28, 10:28, 12:15, 14:28, 15:28, 16:28, 17:28
- Berghaus Iffigenalp (Zimmer und Gruppenunterkunft), ☏ 0 33/7 33 13 33, 🖥 www.iffigenalp.ch, CHF 49
- Wildstrubelhütte SAC, Koordinaten 602.250/136.850 (Infos ☞ ab Seite 49)

☺ Im Notfall können Sie von der Wildstrubelhütte über die Weisshornlücke hinüber wandern zur Pointe de la Plaine Morte mit Seilbahnstation, ⌛ 1½ Std. Mit der Seilbahn hinab nach Crans-Montana (Bus- und Zugverbindungen in alle Richtungen).

🚶🚶 Murmelitrail und **Luchstrail auf dem Betelberg**: Mit Kindern eine spannende Sache. Informationstafeln klären auf, Spiele sorgen für gute Laune und auf den Beobachtungsposten hat man durchaus Chancen, ein Murmeltier zu entdecken, ⌛ jeweils ca. 1½ bis 2 Std.

🚶🚶 Simmenfälle: Aufstieg die Simme entlang bis zur Barbarabrücke. Beeindruckendes Naturschauspiel mit reißendem Wasserfall. Gemächlich weiter zu den Siebenbrünnen; Bergrestaurant und schöne Rastplätze, ⌛ hin und zurück ca. 2 Std.

🚶🚶 Oberlaubhorn, 1.999 m: Rundwanderung mit Gipfel. Von Oberried bei Lenk über Rezlibergli zur Simmenquelle "Bi de sibe Brünne". Dann über die Langermatte unschwierig auf das Oberlaubhorn, mit schöner Rundumsicht. Zurück über Iffigfall - Pöschenried nach Lenk, ⌛ 5 Std.

🚶🚶 Fermeltal: Schöne Rundwanderung über den Aussichtspunkt Gibel ins Fermeltal zum Restaurant Alpenrösli, ⌛ 5 Std.

Auf den Spuren der Höhlenbewohner

In Oberwil im Simmental befindet sich das Höhensystem "Schnurenloch", ein über dem Talgrund gelegener, steinzeitlicher Rastplatz. Kinderleicht geht es zum Zwärgliloch, einer kleinen Höhle, dann durch einen kurzen Stollen und über eine Leiter (45 Sprossen) zum Schnurenloch. Die 26 m lange Höhle wurde schon vor Urzeiten bewohnt. In den Lehmschichten fand man Skelettreste von Höhlenbären und anderen Tieren und von Menschen hergestellte Steinwerkzeuge. Einige Meter oberhalb liegt das Mamilchloch. Auch in diese Höhle führt eine Leiter (26 Sprossen), Taschen- oder Stirnlampe empfehlenswert. Markierte Bergwege, ausgesetzte Stellen sind mit Drahtseilen gesichert. Die Höhlenwanderung dauert ca. drei Stunden und ist auch als Tagesausflug mit Kindern zu empfehlen.

Jetzt geht's los ...

🚶🚶 Gleich der Einstieg in die Tour du Wildhorn hat es in sich. 1.200 Höhenmeter Anstieg von der Iffigenalp zur Wildstrubelhütte. Da ist es gut, dass man nicht auch noch von Lenk zur Iffigenalp aufsteigen muss. Ein regel-

zwischen Montreux und Zweisimmen, unter Eisenbahnliebhabern ein Begriff. Aber auch für Feriengäste mit Zeit ist eine Fahrt mit den Panoramawagen von Lenk an den Genfersee eine willkommene Abwechslung.
🖳 www.mob.ch, www.goldenpass.ch

Der Ferienort Lenk bietet herrliche Wandermöglichkeiten auf gepflegten Wegen

Wandertipps ab Lenk:

Alpenblumenweg auf dem Betelberg mit ca. 100 Informationstafeln, ⌛ 1 Std.

Höhenrundweg Gryden: Ausgangspunkt ist die Bergstation Leiterli. Auf markiertem Bergwanderweg zu den Kalksteinformationen Stübleni. Die Gryden sind eine bizarre Gesteinslandschaft, ⌛ 2½ Std.

Zen-Weg Betelberg: Zen-Meditation auf dem Berggipfel. 30 m langer Kiesweg, der direkt auf den Wildstrubel zuführt. Abschalten, entspannen. Kann mit dem Alpenblumenweg oder der Gryden-Wanderung kombiniert werden, ⌛ 15 Min.

1. Etappe: Lenk bzw. Iffigenalp - Wildstrubelhütte

Lenk, 1.068 m, liegt zuoberst im Simmental, am Fuße des Wildstrubel, welcher den natürlichen Talschluss bildet. Die ersten Lenker siedelten wohl in der Jungsteinzeit in der Tierberglihöhle. Hinauf stiegen sie über den Rawilpass, der auch in römischer Zeit und im Mittelalter eine wichtige Verbindung ins Wallis war. Heute verlaufen dort gepflegte Wanderwege. Je nach Variante führen die erste und/oder die zweite Etappe der Tour du Wildhorn über diesen Pass zur Cabane des Audannes.

Die Lenker Schwefelquellen wurden schon im 17. Jahrhundert genutzt, die Entwicklung zum Heilbad setzte allerdings erst im 19. Jahrhundert ein. Heute nennt sich das Wellness und in Lenk geht man dazu ins Lenkerhof alpine resort.

Zahlreiche Wasserwunder plätschern im oberen Simmental über Felsen und Steilwände, so der Iffigfall oder die Simmenfälle. Vielarmig ist der Wasserstrahl "Bi de sibe Brünne". Hier ist das Quellgebiet der Simme und es mögen einst wohl wirklich sieben Strahlen gewesen sein, die dem "Siebental" und heutigen Simmental seinen Namen gaben.

Wer von Lenk zur Iffigenalp hinaufsteigt, erlebt den Iffigfall hautnah. Doch auch wenn Sie für die ersten Aufstiegsmeter den Bus benützen, versäumen Sie nichts. Die letzte Etappe der Tour du Wildhorn führt von der Wildhornhütte über die Iffigenalp hinab nach Lenk. Spätestens dann, zum Abschluss der Runde, spüren Sie die Gischtspritzer im Gesicht.

Der Betelberg ist ein beliebter Ausflugs- und Familienberg. Leicht erreichbar mit der Seilbahn bietet er Wanderungen unterschiedlicher Länge und Schwierigkeiten, Bergrestaurants, Sonnenterrassen und vier Themenwege.

Auch der Hahnenmoospass ist bei Wanderern beliebt. Viele Wege führen hinauf auf den Passübergang zwischen Lenk und Adelboden. Der Pass bietet ein herrliches Panorama auf den nahen Wildstrubel und zum Wildhorn, und Hobbypiloten lassen ihre Modellflugzeuge durch die Lüfte sausen. Die beiden Aussichtspunkte tangieren die Tour du Wildhorn jedoch nicht, sie sind Ziele für einen Tagesausflug. Übrigens erleichtert die Metschbahn den Aufstieg auf den Hahnenmoospass.

Die Linie der Montreux-Oberland-Bahn (MOB) führt von Montreux am Genfersee über 75 km bis in die Lenk. GoldenPass nennt sich die Linie

1. Etappe: Lenk bzw. Iffigenalp - Wildstrubelhütte

🛏 Reichhaltiges Angebot an Pensionen und Hotels, z.B.:
- Hotel Waldrand, Aegertenstrasse 12, 3775 Lenk, ☏ 0 33/7 36 82 82, ✉ hotelwaldrandlenk@sunrise.ch, 💻 www.tiscover.ch/hotel-waldrand, ab CHF 70
- Garni-Hotel Alpenruh, Gässli 2, 3775 Lenk, ☏ 0 33/7 33 10 64, ✉ alpenruhlenk@bluewin.ch, 💻 www.tiscover.ch/alpenruhlenk, ab CHF 55
- Sporthotel Wildstrubel, Lenkerstrasse 8, 3775 Lenk, ☏ 0 33/7 36 31 11, ✉ info@wildstrubel.ch, 💻 www.wildstrubel.ch, ab CHF 81
- Sporthotel Betelberg, Rawylstrasse 23, 3775 Lenk, ☏ 0 33/7 36 33 33, ✉ reception@sporthotelbetelberg.ch, 💻 www.sporthotelbetelberg.ch, ab CHF 109

⛺ Camping Seegarten, ☏ 0 33/7 33 16 16, FAX 0 33/7 33 16 10, ✉ campingseegarten@dplanet.ch, 💻 www.campingseegarten.ch
- Camping Hasenweide, ☏ 0 33/7 33 26 47, FAX 0 33/7 33 29 73, ✉ info@camping-hasenweide.ch, 💻 www.camping-hasenweide.ch

🏊 Wallbach-Badi (Frei- und Hallenbad), 🕒 Mo und Di von 13:30 bis 20:00 (Hauptsaison ab 10:00), Mi 10:00 bis 21:30, Do und Fr 10:00 bis 20:00, Sa 13:30 bis 18:00 (Hauptsaison 10:00 bis 19:00), So 10:00 bis 18:00 (Hauptsaison 10:00 bis 19:00), ☏ 0 33/7 33 19 01
- Lenkerhof alpine resort, 🕒 öffentlich zugänglich täglich von 10:00 bis 13:00 und Mittwoch von 18:30 bis 22:00, Sportpool und Außenschwefelpool, 💻 www.lenkerhof.ch

☺ Bergführer und geführte Touren, z.B.:
- **Adventure Lenk**, ☏ 0 33/7 33 34 49, 💻 www.adventure-lenk.ch
- **Alpinschule OutdoorPower Lenk**, ☏ 0 33/7 33 26 22, 💻 www.outdoorpower.ch

Bergbahnen Lenk:
🚠 **Luftseilbahn Metsch**, 🕒 Fahrbetrieb: Mitte Juni bis Mitte/Ende Oktober, Mi bis So von 8:30 bis 17:00, ☏ 0 33/7 36 30 57, ✉ info@lenkbergbahnen.ch, 💻 www.lenkbergbahnen.ch
- **Gondelbahn Lenk-Stoss-Leiterli**, 🕒 Fahrbetrieb: Ende Mai bis Mitte Juni und Ende Sept. bis Mitte Okt. von 9:00 bis 16:30, Mitte Juni bis Ende Sept. von 8:30 bis 17:00, ✉ info@lenkbergbahnen.ch, 💻 www.lenkbergbahnen.ch

Für Genießer: 6 Tage

Lenk/Iffigenalp - Wildstrubelhütte	⧖ 4 Std.
Wildstrubelhütte - Cabane des Audannes	⧖ 5½ Std.
Cabane des Audannes - Barrage du Sanetsch	⧖ 5¼ Std.
Barrage du Sanetsch - Geltenhütte	⧖ 6¼ Std.
Geltenhütte - Tungelpass - Wildhornhütte	⧖ 4 Std.
Wildhornhütte - Iffigsee - Iffigenalp - Lenk	⧖ 4 Std.

1. Etappe: Lenk bzw. Iffigenalp - Wildstrubelhütte

Lenk

🛈 Lenk-Simmental-Tourismus, Rawilstrasse 3, CH-3775 Lenk, ☎ 0 33/7 36 35 35, FAX 0 33/7 33 20 27, ✉ info@lenk-simmental.ch, 🖥 www.lenk.ch, 🖥 www.lenk-simmental.ch

🚆 Mit der Bahn über Bern - Spiez nach Zweisimmen. Hier umsteigen in die Montreux-Oberland-Bahn (MOB) und weiter nach Lenk. Oder mit der MOB über Montreux - Zweisimmen nach Lenk.
🖥 www.mob.ch

Bärenstarke Anreise: Mit dem Zug fährt man durch das Simmental nach Lenk

🚗 Mit dem Auto auf der Autobahn A6 über Bern - Thun bis Ausfahrt Wimmis/Zweisimmen. Nun durch das Simmental über Zweisimmen nach Lenk.

🚌 Die Busse der Lenker Verkehrsbetriebe pendeln regelmäßig im Ort. Ein Bus fährt vom Bahnhof Lenk auf die Iffigenalp.
🖥 www.lenkbus.ch

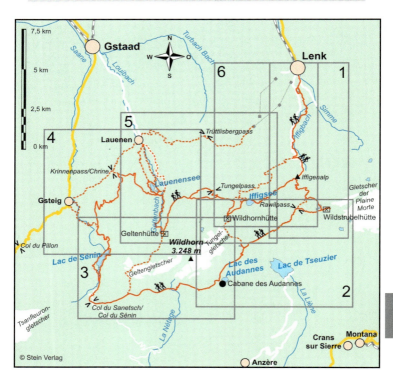

Wildstrubelhütte - Cabane des Audannes	⌛ 5½ Std.
Cabane des Audannes - Arpelistock - Geltenhütte	⌛ 5½ Std.
Geltenhütte - Iffigsee - Iffigenalp/Lenk	⌛ 7 Std.

Für Ausdauernde: 5 Tage

Lenk/Iffigenalp - Wildstrubelhütte	⌛ 4 Std.
Wildstrubelhütte - Cabane des Audannes	⌛ 5½ Std.
Cabane des Audannes - Barrage du Sanetsch	⌛ 5¼ Std.
Barrage du Sanetsch - Geltenhütte	⌛ 6¼ Std.
Geltenhütte - Iffigsee - Iffigenalp/Lenk	⌛ 7 Std.

- ❶ Lenk
- ❷ Wildstrubelhütte
- ❸ Plan des Roses
- ❹ Cabane des Audannes
- ❺ Col des Audannes
- ❻ Col du Sanetsch
- ❼ Lac de Sénin/ Barrage du Sanetsch
- ❽ Lauenensee
- ❾ Geltenhütte
- ❿ Chüetungel
- ⓫ Wildhornhütte
- ⓬ Lenk

© Stein Verlag

Wildhorn Etappen

Das Wildhorn kann in 3 bis 6 Etappen umwandert werden.
Nachfolgend einige Vorschläge zur Routenwahl:

Für Eilige: 3 Tage
Lenk/Iffigenalp - Rawilpass - Cabane des Audannes	7 Std.
Cabane des Audannes - Arpelistock - Geltenhütte	5½ Std.
Geltenhütte - Iffigsee - Iffigenalp - Lenk	7 Std.

Für Konditionswunder: 4 Tage
Lenk/Iffigenalp - Rawilpass - Cabane des Audannes	7 Std.
Cabane des Audannes - Barrage du Sanetsch	5¼ Std.
Barrage du Sanetsch - Geltenhütte	6¼ Std.
Geltenhütte - Iffigsee - Iffigenalp/Lenk	7 Std.

Oder:
Lenk/Iffigenalp - Wildstrubelhütte   4 Std.

Tour du Wildhorn

Steht unter Naturschutz: Das Lenkerseeli bei Lenk

Updates

Es gibt immer wieder Änderungen auf der Tour. Der Conrad Stein Verlag veröffentlicht deshalb Updates zu diesem Buch die direkt vom Autor oder von Lesern dieses Buches stammen. Es ist zu empfehlen vor der Abreise auf die Verlags-Homepage zu schauen. 💻 www.conrad-stein-verlag.de

Zeiten

Die angegebenen Wanderzeiten orientieren sich an einer durchschnittlichen Gehzeit von 4 km in der Stunde. Pausen und Rastzeiten sind nicht mit eingerechnet.

Natürlich hat jeder sein eigenes Tempo. Wer öfters Pausen macht oder viel fotografiert, wird sicher länger unterwegs sein als jemand, der eine Etappe als sportliche Herausforderung ansieht. Auch größere Gruppen sind sowohl im Auf- als auch im Abstieg meist etwas langsamer. Die Zeiten sind daher als Durchschnittswerte zu betrachten.

Besuchen Sie uns doch immer mal wieder auf unserer Homepage im Internet.

Dort finden Sie...

- ▷ aktuelle Updates zu diesem OutdoorHandbuch und
- ▷ zu unseren anderen Reise- und OutdoorHandbüchern,
- ▷ Zitate aus Leserbriefen,
- ▷ Kritik aus der Presse,
- ▷ interessante Links,
- ▷ unser komplettes und aktuelles Verlagsprogramm sowie
- ▷ viele interessante Sonderangebote für Schnäppchenjäger:
- 💻 **www.conrad-stein-verlag.de**

die bestehenden gelben Wegweiser der Wanderwege mit grünen Routenfeldern ergänzt wurden. Die Route Nr. 82, der "Sanetsch-Muveran-Weg", tangiert die Tour du Wildhorn beim Sanetschpass (☞ Tourentipp bei Etappe 3). 💻 www.schweizmobil.ch und 💻 www.wanderland.ch

Sprache

Im westlichen Berner Oberland, d.h. im Simmental und in Lenk, wird Deutsch bzw. Schweizerdeutsch gesprochen. Die Tour du Wildhorn führt jedoch auch hinüber ins Wallis, auf die französischsprachige Seite der Berner Alpen. Dort wird zwar auch deutsch verstanden, einige Worte französisch wie "Bonjour" oder "Merci" können aber nicht schaden. Und übrigens: Der Walliser Rotwein heißt "Dôle", der Weißwein "Fendant".

📖 Oh, dieses Schweizerdeutsch! von Nicole Eilinger-Fitze, Conrad Stein Verlag, OutdoorHandbuch, Fremdsprech Band 12, ISBN 978-3-86686-912-7, € 4,90

Trinkwasser

Das Trinkwasser ist in der Schweiz unbedenklich genießbar. Unterwegs gibt es immer wieder Quellen, Brunnen und klare Bergbäche, um die Trinkflasche zu füllen. Bäche, an denen Tiere weiden, sind eher zu meiden.

Übernachtung

Die offizielle Routenführung sieht vor, in Hütten des Schweizer Alpenclubs SAC zu übernachten, auf der Route liegen jedoch auch Berggasthäuser und preiswerte Touristenlager. Abstiege ins Tal sind nur bei den Varianten vorgesehen. In den touristisch gut erschlossenen Talorten (Lenk, Gsteig, Lauenen) stehen Pensionen und Hotels zur Verfügung (Infos und Adressen siehe bei den jeweiligen Etappen).

Einen Schlafsack benötigen Sie nicht unbedingt, in den meisten Hütten sind Wolldecken oder sogar Bettdecken vorhanden. Der Hygiene wegen ist ein leichter Hüttenschlafsack trotzdem zu empfehlen, der aber auch für eine Nacht gemietet werden kann.

Übernachtungen sollten mindestens einen Tag im Voraus reserviert werden, damit das Hüttenpersonal die Anzahl der Essen und Übernachtungen planen kann. Selbstverständlich gehört dazu auch, eine geplante Übernachtung rechtzeitig abzusagen, wenn man sie nicht einhalten kann. In den SAC-Hütten genießen SAC-Mitglieder und Mitglieder von Alpenvereinen, welche ein Gegenrechtsabkommen unterzeichnet haben (z.B. DAV), vergünstigte Konditionen.

Die Übernachtung kostet für SAC-Mitglieder ca. Fr. 20, Nicht-Mitglieder bezahlen einen Zuschlag zwischen Fr. 7 bis 15. Die Halbpension kostet ca. Fr. 30. Geboten wird meist eine Suppe oder Salat als Vorspeise, eine Hauptmahlzeit und oft noch ein Dessert und am andern Morgen ein Frühstück. Für diese niedrigen Preise wird in punkto Qualität und Quantität meist mehr aufgetischt als in Gasthäusern unten im Tal.

☺ Zur genauen Planung einer Hüttentour empfiehlt sich das Buch "Hütten der Schweizer Alpen" von R. Kundert/M.Volken, SAC-Verlag. Es beinhaltet alle Hütten in den Schweizer Alpen, darunter SAC-Hütten, private Hütten und Berggasthäuser, mit genauen Angaben zu Bewertungszeiten, Adressen und Telefonnummern, Aufstiegsrouten usw.

Auf der Tour du Wildhorn liegen, je nach Varianten, die Wildstrubelhütte, die Cabane des Audannes, die Geltenhütte und die Wildhornhütte (genauere Infos bei den einzelnen Etappen).

🛈 Schweizerischer Alpenclub SAC, Postfach, 3000 Bern 23, ☎ 031 370 18 18, FAX 031 370 18 00, 🖥 www.sac-cas.ch, 🖥 info@sac-cas.ch

SchweizMobil

SchweizMobil heißt seit April 2008 das neue, nationale Netzwerk für den Langsamverkehr. Da gibt es ein Kanuland, ein Skatingland, ein Mountainbikeland, ein Veloland - und natürlich ein Wanderland. Das heißt konkret, dass

Der **Handyempfang** ist, bis auf wenige örtliche Ausnahmen, auf der gesamten Tour du Wildhorn gut.

Vorwahl:
Von Deutschland und Österreich in die Schweiz: ☏ 00 41
Von der Schweiz nach Deutschland: ☏ 00 49
Von der Schweiz nach Österreich: ☏ 00 43

Nach der Vorwahl die "0" der eigentlichen Rufnummer weglassen.

Reisezeit

Die Tour du Wildhorn verläuft in anspruchsvollen Höhen an der 3.000er-Grenze und ist somit eine klassische Sommertour. Beste Wanderzeit sind die Monate von Ende Juni/Anfang Juli bis Ende September/Anfang Oktober. Ende Juni muss evtl. noch mit Schneeresten gerechnet werden und auch im Oktober kann sich in höheren Lagen schon der Winter ankündigen.

SAC-Hütten

Die Hütten des Schweizer Alpenclubs SAC sind keine Hotels - das wollen sie auch gar nicht sein. Einen Komfort wie im Flachland können sie aufgrund ihrer abgeschiedenen Lage nicht bieten.

In neueren, modernen Hütten stehen inzwischen auch Zimmer zur Verfügung, in der Regel nächtigt man jedoch im Schlafsaal zusammen mit anderen Wanderern, Kletterern oder Alpinisten. Die Platzverhältnisse sind begrenzt, Privatsphäre ist nur begrenzt möglich. Dies setzt Rücksichtnahme und Verständnis voraus. Einige Regeln sind in den Hütten angeschlagen, so findet z.B. das Nachtessen zu festgelegten Zeiten statt (meist 18:30, pünktliches Erscheinen wird vorausgesetzt) und um 22:00 ist Bettruhe. Wer nach einem langen Wandertag und einem guten Abendessen müde in den Schlafsaal kriecht, weiß dies zu schätzen - und schließlich möchte man am anderen Morgen ja wieder früh los ...

auf Sicherungen von besonders exponierten Stellen mit Absturzgefahr. Auf Alpinwanderwegen müssen Sie trittsicher, schwindelfrei und in sehr guter körperlicher Verfassung sein und unter Umständen den Umgang mit Seil und Pickel sowie das Überwinden von Kletterstellen unter Zuhilfenahme der Hände beherrschen. Sie müssen die Gefahren im Gebirge kennen. Zusätzlich zur Ausrüstung für Bergwanderwege werden Höhenmesser und Kompass, für Gletscherüberquerungen Seil und Pickel vorausgesetzt. Blaue Wegweiser mit weiß-blau-weißer Spitze informieren über Standorte, Wanderziele und Gehzeiten (Pausen nicht eingerechnet), weiß-blau-weiße Richtungspfeile geben Klarheit über den einzuschlagenden Weg.

Schweizer Wanderwege: www.wandern.ch

Notruf

Schweizerische Rettungsflugwacht REGA ☏ 14 14, Sanitätsnotruf ☏ 1 44, Polizei ☏ 1 17, Feuerwehr ☏ 1 18.

Orientierung

Die Angaben links und rechts beziehen sich auf die eingeschlagene Gehrichtung. Bei Gewässern wie Seen oder Flussläufen bezieht sich die Bezeichnung linkes bzw. rechtes Ufer auf die Fließrichtung.

Post und Telekommunikation

Tarife:
Briefe und Postkarten innerhalb der Schweiz Rp. 85 (B-Post) oder Fr. 1 (A-Post). Nach Deutschland und Österreich Fr. 1,20 (B-Post) oder Fr. 1,30 (A-Post).

Für **Telefonzellen** benötigt man eine Telefonkarte, die an Kiosken und Postämtern erhältlich sind.

kennen (Steinschlag, Rutsch- und Absturzgefahr, Wetterumsturz). Vorausgesetzt werden feste Schuhe mit griffiger Sohle, der Witterung entsprechende Ausrüstung und das Mitführen topografischer Karten. Gelbe Wegweiser mit weiß-rot-weißer Spitze informieren über Standorte, Wanderziele und Gehzeiten (Pausen nicht eingerechnet), weiß-rot-weiße Richtungspfeile geben Klarheit über den einzuschlagenden Weg, weiß-rot-weiße Farbstriche bestätigen den Verlauf des Bergwanderwegs.

*Bergwanderwege
sind in der Schweiz weiß-rot-weiß markiert.*

Kulturwege sind **braun markiert**. Sie führen in der Regel über Wander- und Bergwanderwege und nehmen sich einem bestimmten Thema an, welches typisch für die jeweilige Region ist. Dies kann z.B. ein Eisenbahn-Lehrpfad sein, ein Teilstück des Jakobsweges oder ein Geologiepfad.

*Alpine Routen,
wie der Weg über den Arpelistock,
sind in der Schweiz weiß-blau-weiß markiert.*

Alpinwanderwege sind anspruchsvolle Bergwanderwege und **weiß-blau-weiß markiert**. Sie führen teilweise durch wegloses Gelände, über Schneefelder und Gletscher, über Geröllhalden, durch

Steinschlagrunsen oder durch Fels mit kurzen Kletterstellen. Bauliche Vorkehrungen können nicht vorausgesetzt werden und beschränken sich allenfalls

- Waeber/Steinbichler: Unterwallis, Bergverlag Rother
- Wanderbuch der Berner Wanderwege, Nr. 3094 Saanenland-Simmental-Diemtigtal.
- Zbären, Ernst: Rund um das Wildhorn und den Wildstrubel, Ott Verlag

☺ Bei den Berner Wanderwegen, 💻 www.mywalk.ch, und bei den Walliser Wanderwegen, 💻 www.valrando.ch, ist ein Flyer zur Tour du Wildhorn erhältlich. Dieser enthält eine Übersichtskarte, die wichtigsten Adressen der Verkehrsbüros und Übernachtungsgelegenheiten sowie Fahrplanzeiten der betreffenden Postautolinien.

ℹ 📖 Buchhandlung für ausschließlich alpine Literatur: 💻 www.pizbube.ch

Markierung der Wege

In der Schweiz sind die Wanderwege im ganzen Land einheitlich markiert. Die Schweizer Wanderwege SAW sorgen in Zusammenarbeit mit anderen Institutionen für Planung, Bau und Unterhalt des Wegenetzes, welches über 60.000 km markierte Pfade umfasst.

Gewöhnliche **Wanderwege** sind **gelb markiert**, verlaufen meist abseits von Straßen und weisen möglichst keine Asphalt- oder Betonbeläge auf. Steile Passagen werden mit Stufen überwunden und Absturzstellen sind mit Geländern gesichert. Fließgewässer werden auf Stegen oder Brücken passiert. Gelb markierte Wanderwege stellen keine besonderen Anforderungen an die Begeher/innen. Gelbe Wegweiser informieren über Standorte, Wanderziele und Gehzeiten (Pausen nicht eingerechnet), gelbe Richtungspfeile geben Klarheit über den einzuschlagenden Weg, gelbe Rhomben bestätigen den Verlauf des Wanderwegs.

Bergwanderwege sind **weiß-rot-weiß markiert** und erschließen teilweise unwegsames Gelände. Sie sind überwiegend steil und schmal angelegt und teilweise exponiert. Besonders schwierige Passagen sind mit Seilen oder Ketten gesichert. Bäche sind unter Umständen über Furten oder schmale Brücken zu passieren. Auf Bergwanderwegen müssen Sie trittsicher, schwindelfrei und in guter körperlicher Verfassung sein und die Gefahren im Gebirge

nicht markierten Wegabschnitten. Wer mit diesen Karten um das Wildhorn zieht, benötigt folgende Blätter: 1266 Lenk, 1286 St-Léonard.

🛈 💻 www.swisstopo.ch

In anspruchsvollen Höhen gehören
Kenntnisse im Karten lesen zu den Grundvoraussetzungen

Literatur

Folgende Wanderbücher beschreiben Tagestouren im westlichen Berner Oberland und im Unterwallis und beinhalten Etappen oder Teilstücke der Tour du Wildhorn:

- Anker, Daniel: Berner Oberland West, Bergverlag Rother
- Hüsler, Eugen: Wandern kompakt Berner Oberland, Bruckmann Verlag
- Ihle, Jochen: Alpinwanderungen Berner Oberland, Werd-Verlag
- Ihle, Jochen: Die Wildstrubel-Runde, Conrad Stein Verlag
- Ihle, Jochen: Wanderland Schweiz - Highlights West, AT-Verlag
- Mosimann, Ueli: Alpinwandern - Rund um die Berner Alpen, SAC-Verlag

Informationen

- Ⓓ Schweiz Tourismus, Postfach 16 07 54, 60070 Frankfurt a. M.,
      Info ☏ 0 08 00/10 02 00 30 (kostenlos), FAX 0 08 00/10 02 00 31 (kostenlos)
- Ⓐ Schweiz Tourismus, Postfach 34, 1015 Wien, Info ☏ 0 08 00/10 02 00 30
      (kostenlos), FAX 0 08 00/10 02 00 31 (kostenlos)
- ⒸⒽ Schweiz Tourismus, Postfach 6 95, 8027 Zürich, ☏ 0 08 00/10 02 00 30
      (kostenlos), 🖥 www.MySwitzerland.com, ✉ info@myswitzerland.com
- ◆ Berner Oberland Tourismus, 🖥 www.berneroberland.ch

Adressen der Tourist Informationen ☞ bei den einzelnen Etappen.

Internetlinks

Tour du Wildhorn:	🖥 www.tourduwildhorn.ch
Berner Wanderwege:	🖥 www.mywalk.ch
Schweizer Wanderwege:	🖥 www.wandern.ch
Walliser Wanderwege:	🖥 www.valrando.ch
Schweiz Tourismus:	🖥 www.myswitzerland.com
Wallis Tourismus:	🖥 www.matterhornstate.com
Bergführer:	🖥 www.4000plus.ch
Tourenforen:	🖥 www.basislager.ch, www.gipfelbuch.ch
Wandern:	🖥 www.wandersite.ch

Karten

Als Kartenmaterial kommen nur zwei Produkte in Frage: Die offiziellen Wanderkarten der Schweizer Wanderwege SAW (auf der Basis der Landeskarte) im Maßstab 1:50.000 mit rot eingezeichneten Wanderrouten. Für die Tour du Wildhorn werden die Blätter 263 T Wildstrubel und 273 T Montana benötigt. Genauer und präziser sind die Blätter der Schweizerischen Landestopographie im Maßstab 1:25.000. Sie helfen vor allem auf weglosen und

Deftige Kost: Wandern macht hungrig, leckeres Essen gibt's auf den Berghütten.

auf einer Alp, einer Sennhütte oder einem Bergbauernhof kann meist ein Stück Käse oder Wurst gekauft oder ein Glas Milch gekostet werden. Oft weist ein Schild an der Hütte auf den Direktverkauf hin. Überhaupt bereichern lokale Produkte nicht nur die Verpflegung, sondern ihr Kauf unterstützt auch die Dorfläden oder Alpbauern.

Geld

Währung ist der Schweizer Franken. Der Umrechnungskurs ist € 1 = CHF 1.55 (je nach Kurs). Inzwischen kann auch in der Schweiz an vielen Orten mit Euro bezahlt werden.

☺ Unter 🖥 www.kartensicherheit.de können Sie sich eine SOS-Info-Karte ausdrucken. Auf dieser Karte stehen alle wichtigen Rufnummern zum Sperren von Kredit- und Mobilfunkkarten sowie Reiseschecks.

Gesundheit

Es empfiehlt sich, eine Reisekrankenversicherung abzuschließen. Eine ärztliche Behandlung in der Schweiz muss von ausländischen Gästen in der Regel bar bezahlt werden, bei Vorlage der Rechnung wird das Geld dann von der Krankenkasse zurückerstattet. Am besten vorher bei der eigenen Krankenkasse erkundigen.

- ☐ Wind- und Regenschutz
- ☐ Mütze, Handschuhe
- ☐ Unterwäsche, Ersatzwäsche, Socken
- ☐ Waschutensilien
- ☐ Hüttenschlafsack
- ☐ Sonnenbrille, Sonnencreme, Lippenschutz
- ☐ Erste-Hilfe-Set
- ☐ Rettungsdecke
- ☐ Taschenmesser
- ☐ Taschenlampe
- ☐ Getränke, Proviant (Energieriegel)
- ☐ Trinkflasche
- ☐ Plastiktüte für Abfall
- ☐ Evtl. kurzes Seil, evtl. Pickel
- ☐ Dieses Buch
- ☐ Wanderkarten
- ☐ Persönliches wie Fotoapparat, Kamera, Fernglas, SAC-Ausweis usw.

Ausstiegsmöglichkeiten

Die Tour du Wildhorn kann auf jeder Etappe im Notfall abgebrochen werden. Entweder durch einen Abstieg in den nächsten Talort oder in manchen Fällen auch durch Benützung von Seilbahn oder Bus. So besteht bspw. von der Iffigenalp ein Busanschluss nach Lenk, vom Sanetschpass eine Busverbindung nach Sion und von der Barrage du Sanetsch schwebt eine Seilbahn hinab nach Gsteig. Bei jeder Etappe wird auf den kürzesten Weg ins Tal verwiesen.

Essen und Trinken

Wer in den Hütten des Schweizer Alpenclubs SAC übernachtet, bekommt dort eine günstige Halbpension mit Abendessen und Frühstück (☞ SAC-Hütten). In den Orten im Tal gibt es genügend Restaurants und Läden, um etwas zu kaufen und um den Rucksack wieder mit Proviant aufzufüllen. Auch

Welche Ausrüstung kommt nun mit in die alpine und voralpine Wanderzone? Was kommt bei einer Mehrtagestour in den Rucksack? Weniger ist mehr, lautet die Devise. Wer zu viel mitschleppt, leidet - wer etwas Entscheidendes vergisst natürlich auch. Das klingt einfach, jedoch braucht es für die Umsetzung viel persönliche Erfahrung.

Vorteilhaft ist funktionelle, leichte Kleidung, die bei "jeder" Witterung schützt: Wasser- und winddichte Regenjacke, Pullover und Shirts aus schnell trocknenden Kunstfasern. Die Tour du Wildhorn verläuft in anspruchsvollen Höhen, Mütze und Handschuhe gehören ebenso in den Rucksack wie ein guter Sonnenschutz. Der Rucksack sollte bequem sitzen, das Gewicht auf den gepolsterten Hüftgurten liegen. Beim Packen sollten Sie darauf achten, dass schwere Ausrüstungsgegenstände im Rucksack nahe am Rücken verstaut werden. Der Schwerpunkt des Rucksacks sollte möglichst dicht am Körper in Höhe der Schultern liegen.

Auf der Tour du Wildhorn ist es unumgänglich, in SAC-Hütten oder Berggasthäusern zu übernachten. In den Hütten empfiehlt sich ein Hüttenschlafsack. Leicht, Platz sparend und vor allem angenehm sind Modelle aus Seide. Während die Auswahl und Menge an Proviant individuell ist, sollte beim Trinken nicht gespart werden. Flüssigkeitsverlust kann die schönste Wanderung zur Qual machen.

Für die auf markierten Wegen verlaufende Tour du Wildhorn genügen die Landeskarten im Maßstab 1:50.000. Genauer und präziser sind jedoch die Blätter der Schweizerischen Landestopographie im Maßstab 1:25.000 (☞ Karten). Einen Kompass brauchen Sie wohl nur für alle Fälle, praktisch ist jedoch ein Höhenmesser. Beide Geräte helfen entscheidend bei der Orientierung. Pickel und Seil gehören zwar nicht zur Standardausrüstung beim Wandern, erhöhen jedoch die Sicherheit beim Queren von Firnfeldern oder Traversieren von Gletschern enorm.

Ausrüstung Checkliste

- ☐ Geld, Ausweise, Mobiltelefon, Jahreskarte Bahn (Abos), Fahrkarte
- ☐ Stabile Wander- bzw. Trekkingschuhe mit guter Profilsohle
- ☐ Rucksack inklusive Regenüberzug
- ☐ Teleskopstöcke
- ☐ Bequeme Wanderhose

Das gelbe Postauto fährt in der Schweiz auch in die entlegensten Täler. Hier am Lac de Tseuzier.

Jahreskarten (Abos) für den Schweizer ÖPNV:
GA (Genneralabonnement), berechtigt zur freien Fahrt auf allen Strecken des öffentlichen Verkehrs in der Schweiz. 1 Jahr gültig, Franken 3.100 Jahresgebühr, lohnt sich nur wenn man im Land lebt und das ABO/GA auch beruflich benötigt.

1/2-Tax-ABO (Jahresgebühr Franken 150). Man bezahlt bei Benutzung des öffentlichen Verkehrs wie Bahn, Bus, Schiff, Bergbahn, jeweils nur den halben Preis; auch für Urlauber eine interessante Alternative, je nach Aufenthaltsdauer.

Ausrüstung

Im Gebirge unerlässlich sind stabile Wander- bzw. Trekkingschuhe mit hohem Schaft und guter Profilsohle. Immer populärer werden die in der Länge verstellbaren Teleskopstöcke. Sie unterstützen das Gehen auf Geröllfeldern, helfen Kraft sparen und entlasten die Knie bei steilen Auf- und Abstiegen.

An- und Abreise

Der Zustieg zur Tour du Wildhorn ist an mehreren Orten möglich. Auf der Südseite bspw. über Sion - Lac de Tseuzier oder Sion - Anzère - Pas de Maimbre, auf der Nordseite über Gstaad - Lauenensee oder Gsteig - Col du Sanetsch. Empfehlenswerter, da verkehrstechnisch gut erreichbar, ist Lenk im Obersimmental. Die Anreise mit der Bahn erfolgt über Bern - Spiez - Zweisimmen oder mit der Montreux - Oberland-Bahn via Montreux - Zweisimmen. Direkt neben dem Bahnhof befindet sich die Haltestelle für die Ortsbusse und für den Bus auf die Iffigenalp.

Informationen über die öffentlichen Verbindungen sind im Schweizerischen Kursbuch ersichtlich oder auf der Homepage der Schweizerischen Bundesbahnen SBB, www.sbb.ch

Täglich direkte Bahnverbindungen über Basel oder Zürich nach Bern - Thun - Spiez - Zweisimmen - Lenk.
www.bahn.de, www.sbb.ch

Auf den Autobahnen N2 bzw. N1 über Basel oder Zürich nach Bern, weiter auf der Autobahn A6 Bern - Thun bis Ausfahrt Wimmis/Zweisimmen. Ab Autobahnausfahrt durch das Simmental nach Lenk. Ungefähre Anfahrtszeiten mit dem Auto: Bern - Lenk 1½ Std., Basel-Lenk 2½ Std., Zürich-Lenk 2½ Std.

Eine lange Tradition in der Schweiz hat das Postauto. Die gelben Busse befahren auch die entlegensten Täler. Allerdings empfiehlt es sich die genauen Fahrzeiten einzuholen, da in manchen Regionen das letzte Postauto schon am Spätnachmittag fährt.
www.post.ch

Internationale Flughäfen befinden sich in Zürich-Kloten (www.flughafen-zuerich.ch), Basel-Mulhouse (www.euroairport.com) und Genf-Cointrin (www.gva.ch).
Ein regionaler Flughafen in Bern-Belp (www.alpar.ch).

Reise-Infos von A bis Z

Im Gebirge kann schnell das Wetter umschlagen: Gute Ausrüstung ist elementar.

anlegt. Trampelpfade zerstören Kulturland, fördern die Erosion, zudem kann unachtsames Gehen Steinschlag auslösen. Alphütten sind fremdes Eigentum, ebenso wie Wiesen und Weiden, d.h. Weidegatter nach dem Durchgehen wieder schließen und weidende Tiere (Vorsicht bei Mutterkühen mit Kälbern) nicht stören.

Achtlos weggeworfener Abfall ist nicht nur umweltbelastend, sondern auch optisch störend. Eine leere Plastiktüte gehört deshalb mit in den Rucksack, um seinen eigenen Müll wieder mit ins Tal zu transportieren. Und wenn Sie den Müll anderer finden, nehmen Sie ihn mit.

Wetter

Bei einer Weitwanderung wie der Tour du Wildhorn, die größtenteils in anspruchsvollen Höhen verläuft, ist das Wetter ein zentraler Faktor. Ein Gewitter kann auch im Sommer schnell aufziehen, Nebel die Sicht verhindern und Regen schon einmal in Schnee übergehen. Damit verändert sich auch der Zustand der Wege. Vor Beginn der Tour sind daher Informationen über die Wetterentwicklung unerlässlich. Völlig unzureichend sind übrigens die in Tageszeitungen abgedruckten Piktogramme, vor allem bei nicht ganz eindeutiger Wetterlage. Bei Hüttentouren lohnt ein Anruf beim jeweiligen Hüttenwart. Diese wissen über den Zustand der Hüttenwege Bescheid.

i

Der Schweizer Wetterbericht kann unter ☎ 1 62 abgehört werden (täglich mehrmals aktualisiert).
Alpenwetterbericht ☎ 09 00/55 21 38

Persönliche Wetterberatung:
Meteo Schweiz ☎ 09 00/16 23 33 (24 Std., Fr. 3/Anruf + 1/Min.)
Meteotest ☎ 09 00/57 61 52 (5:00 bis 19:00, Fr. 3,13/Min.)
🖥 www.meteoschweiz.ch

böcke sind gut am Abend oder am frühen Morgen zu beobachten. Das Wappentier Graubündens wurde im 19. Jahrhundert vollständig ausgerottet. Durch Züchtungen in den Tierparks von St. Gallen und Interlaken mit aus dem Gran-Paradiso-Massiv geschmuggelten Tieren wurden in der Schweiz an verschiedenen Orten wieder Steinbockkolonien aufgebaut. **Gämsen** leben meist in Rudeln, in Höhen zwischen 400 und 4.000 m. Sie sind scheuer als Steinböcke und flüchten sehr schnell, wenn sie einen Eindringling bemerken.

Gut zu beobachten sind auch viele Vogelarten, allen voran natürlich die **Alpendohle,** die sich überall dort blicken lässt, wo es beim Picknick etwas zum Knabbern gibt. Im September sind die **Tannenhäher** sehr aktiv, sie beißen die reifen Zapfen von den Ästen der Arvenbestände, scharren Löcher in den Boden und verstecken darin Nüsse. Im Frühjahr dann ernähren die Tannenhäher ihre Jungen mit diesen Arvennüssen, die sie auch Monate später unter dem Schnee wiederfinden. Natürlich zwitschern viele Singvogelarten entlang des Wanderweges, seltener zeigen sich **Steinadler** und die wieder angesiedelten **Bartgeier**.

www.botanik.ch, www.steinbock.ch, www.wwf.ch

Umweltgerechtes Verhalten

Umweltgerechtes Verhalten sollte in den Bergen (und nicht nur dort) selbstverständlich sein. Das beginnt schon bei der Anreise, die erholsamer mit öffentlichen Verkehrsmitteln erfolgt. Am Wegesrand sind Alpenblumen und wild wachsende Pflanzen eine Zierde, sie gedeihen aber nur in ihren einheimischen Böden und gehören nicht in den Rucksack und später in die Blumenvase. Zudem stehen viele Pflanzen (Frauenschuh, Edelweiß usw.) unter Naturschutz.

Nicht nur der Mensch braucht Ruhe, sondern auch Tiere. Viele Tierarten sind schreckhaft und reagieren besonders empfindlich auf Störungen. Ihre Energie benötigen sie zum Überleben im Gebirge und nicht, um vor unachtsamen und neugierigen Wanderern zu flüchten. Mit ausreichend Zeit, Ruhe und Geduld lassen sich viele Tiere vom Weg aus beobachten.

Die Wanderwege werden mit großem Aufwand unterhalten, selbstverständlich ist, dass man sie auch benutzt und nicht willkürlich Abkürzungen

Hochebenen gedeiht in moorigen Böden das Schmalblättrige Wollgras. In den felsigen Regionen blühen die Großköpfige Gemswurz, der Alpen- und der Gletscher-Hahnenfuss, die Kratzdistel oder Pionierpflanzen wie der Steinbrech.

Tiere sind da wesentlicher schwieriger zu beobachten. Wer jedoch mit offenen Augen und Ohren durchs Gebirge wandert, entdeckt typische Alpentiere. Sehr oft werden Sie den Pfiff des **Murmeltiers** hören. Die putzigen Nager leben meist in Höhen zwischen 1.000 und 2.500 m oberhalb der Waldgrenze, bevorzugt an den sonnigen Südhängen. Im Winter halten sie einen ausgedehnten Winterschlaf, aber zur besten Wandersaison, Mitte Juli, verlassen die Jungtiere den schützenden Bau und sind mit Glück und Geduld beim Spielen und Umhertollen zu beobachten.

Murmeltier

Natürlich treffen Sie auf **Steinböcke und Gämsen**. Die exzellenten Kletterkünstler leben in Höhen zwischen 2.700 und 3.500 m. 100 kg oder mehr kann ein männliches Tier schwer werden, während die Steingeiß nur etwa die Hälfte dieses Gewichts erreicht. Der Bock verfügt über gewaltige, gebogene Hörner während die Geiß kurze und kaum gebogene Hörner besitzt. Stein-

Grad	Weg/Gelände	Anforderungen	Referenztouren
T5 anspruchsvolles Alpinwandern	Oft weglos, einzelne einfache Kletterstellen bis II Falls markiert: weiß-blau-weiß Exponiertes, anspruchsvolles Gelände, Schrofen, wenig gefährliche Gletscher und Firnfelder	Bergschuhe. Sichere Geländebeurteilung und sehr gutes Orientierungsvermögen Gute alpine Erfahrung und elementare Kenntnisse im Umgang mit Pickel und Seil	Cabane Dent Blanche; Bordierhütte; Büttlasse; Salbitbiwak; Sustenjoch; P. Campo Tencia; Cacciabellapass
T6 schwieriges Alpinwandern	Meist weglos, Kletterstellen bis II, meist nicht markiert Häufig sehr exponiert, heikles Schrofengelände, Gletscher mit Ausrutschgefahr	Ausgezeichnetes Orientierungsvermögen Ausgereifte alpine Erfahrung und Vertrautheit im Umgang mit alpintechnischen Hilfsmitteln	Ostegghütte; Via alta della Verzasca, Piz Linard; Glärnisch (Guppengrat)

Pflanzen- und Tierwelt

Die Tour du Wildhorn verläuft in Höhen zwischen 1.000 und 3.000 m. Sie wandern über Alpweiden aber auch durch felsige Landschaften. Je nach Höhenstufe ist eine andere artenreiche Pflanzenwelt zu beobachten. In tieferen Lagen etwa sprießen das Schweizer Milchkraut oder Margeriten und auf

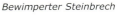

Bewimperter Steinbrech